Die feinsten
MEHLSPEISEN
aus Österreich

Orac

Titelbild: Kakao-Nuß-Torte, Rezept auf Seite 27
Fotos: Stefan Liewehr
Illustrationen: Gerti Gnan

Geschirr: Villeroy & Boch HEINRICH Royal Gold

ISBN 3-7015-0146-7

Schutzumschlag und grafische Gestaltung: Fritz Gnan
Layout: Alfred Hoffmann
Lektorat: Gusto
Diskettenbearbeitung und Filmherstellung: Druckerei Robitschek & Co., Wien
Lithografie: Reproform
Druck und Bindearbeiten: Wiener Verlag, Himberg bei Wien

Inhaltsverzeichnis

Abkürzungen in diesem Buch

EL	Eßlöffel (1 EL Zucker enspricht ca. 16 Gramm, 1 EL Wasser ca. 12 Gramm)
TL	Teelöffel (1 TL Zucker enspricht ca. 6 Gramm)
MS	Messerspitze
Pkg.	Packung (In 1 Packung Vanillezucker sind 10 Gramm)
1 Blatt	1 Blatt Gelatine wiegt 2,5 Gramm

DAMIT ES GUT GELINGT

Auf dieser Seite könnte auch ein Vorwort stehen, über den Wert, das Wesen oder die Tradition der österreichischen „Mehlspeis'küche“. Nur — diese Seite würde dafür nicht reichen. Mehr aufzuwenden, wäre allerdings nicht Sache dieses Buches. Es ist ein Kochbuch, ein Nachkoch-Buch. Deshalb auch keine Hommage an die weltberühmten Süßspeisen Österreichs, sondern vorweg ein paar allgemeine Bemerkungen, wie diese Mehlspeisen — von denen wir alle wissen, daß sie gut sind — besser gelingen.

Im Gegensatz zum Kochen, wo vieles mit Fingerspitzengefühl und Intuition geschehen kann, zählt bei der Zubereitung von Süßspeisen in allererster Linie Genauigkeit.

Das beginnt mit dem Wiegen der Zutaten, und alle persönliche Sorgfalt nützt hier nichts, wenn die Waage zu grob ist. Die beste Küchenwaage mit der feinsten Skalenteilung sollte für ambitionierte Hausfrauen und Hobbyköche gut genug sein.

Bei der Zugabe von Flüssigkeiten ist die Verwendung eines Meßglases fast unerläßlich. Lediglich dort, wo die richtige Teigkonsistenz tatsächlich nur mit Gefühl herbeigeführt werden kann, sollte man sich auf das Augenmaß verlassen.

Genauigkeit zählt auch bei der Einhaltung der richtigen Backtemperatur. Nur wenige Herde liefern auch wirklich die Temperatur, auf die man sie eingestellt hat. Man sollte dem Herd nicht trauen und die wahren Temperaturen mit Hilfe eines Backrohrthermometers überprüfen.

Weiters empfiehlt es sich, Mehl vor der Verarbeitung durch ein Sieb zu schütten. Beim Mahlen rutschen oft gröbere Getreideteilchen durch, durch das Sieben wird das Mehl auch lockerer.

An Küchengeräten brauchen Sie kaum etwas Besonderes. Am ehesten könnte man noch eine Küchenmaschine mit Mahlwerk bzw. einen sogenannten „Cutter“ als schwer entbehrlich bezeichnen (Mohn und Nüsse sollten möglichst frisch gerieben werden), ein Pürierstab ist bei der Zubereitung von Fruchtsaucen und Marzipanmassen besonders nützlich.

Zuletzt muß noch erwähnt werden, was in jedem Kochbuch als erste Zeile stehen sollte: Aus minderwertigen Zutaten kann nichts wirklich Gutes werden. Je frischer, desto besser — dieser Leitsatz gilt auch für Eier, Nüsse, Fette und sogar für das Mehl.

Dietmar Fercher

Torten

Die Zubereitung einer Torte ist für die meisten Hausfrauen und Hobbyköche ein Höhepunkt im Küchenalltag. Immerhin: Eine gelungene Torte ist der untrügbare Beweis für Sachverstand und handwerkliches Geschick sowie eine Freude für die ganze Tischgesellschaft.
Gut ist bald eine Torte, doch sollte eine perfekte Torte auch *sauber, exakt und schön* sein! Um das zu erreichen, braucht es natürlich besondere Sorgfalt und — das richtige Werkzeug.

Der erste Schritt zur perfekten Torte ist die Anschaffung von guten Teigkarten, Paletten, einem Spritzsack mit einem großzügigen Satz an Tüllen und zumindest einem Tortenreifen. Im Tortenreifen läßt sich die Torte exakter backen als in der Springform.
Tortenreifen sind auch praktischer beim Zusammensetzen der Torten. Die Creme bleibt exakt zwischen den einzelnen Teigschichten, man kann die Torte nach dem Zusammensetzen ein wenig pressen, was es einfacher macht, das Kunstwerk bei Tisch sauber anzuschneiden. Springformen sind meist höher als Tortenreifen, die Arbeit damit ist umständlicher.
Für die Rezepte dieses Buches sollte der Reifen übrigens exakt 24cm Durchmesser haben, dann stimmen die Proportionen der fertigen Torte; ist der Reifen zu groß, wird der Korpus niedriger, die Böden müssen dünner aufgeschnitten werden, die gesamte Zubereitung wird schwieriger...

Das Aufschneiden des Tortenkorpus in die einzelnen Böden gelingt am besten mit einem scharfen Sägemesser und nachdem die Masse gut abgekühlt ist. Tiefgekühlt halten sich Torten übrigens bis zu einem Monat ohne Qualitätsverlust, es lohnt sich also, gleich einen zweiten oder dritten Korpus vorzubacken; die Arbeit mit größeren Zutatenmengen ist auch leichter als mit kleinen. Damit der Schnitt auch wirklich horizontal durch den Tortenkorpus geht, sollte man lieber die Torte drehen und das Messer an einer Stelle lassen, statt mit dem Messer rund um die Torte zu wandern.

Für das Einstreuen des Randes und das Dekorieren ist die Anschaffung eines Drehtellers nützlich.
Damit das Kunstwerk auch ohne Beschädigungen auf den Tisch kommt, sollte man den untersten Boden schon vor dem Aufbau der einzelnen Schichten auf eine Unterlage aus Karton oder Metall setzen. Nichts Schlimmeres ist für engagierte Hausfrauen, Hobbyköche oder Konditoren denkbar, als daß eine prächtige Torte beim Transfer auf die Tortenplatte ramponiert wird.

Schokoladeschaumtorte

Zutaten für 1 Torte mit
24 cm Durchmesser

Für den Tortenboden*
5 Eier
150 g Kristallzucker
100 g glattes Mehl
30 g Kakao
40 g Öl
1 TL Vanillezucker
Salz

Für die Schokoladecreme
1 EL Kristallzucker
2 Eidotter
1 Ei
1 TL Vanillezucker
*180 g Schokolade**
1 Schuß Weinbrand
1 EL starker, schwarzer Kaffee
300 g Schlagobers

Für die Dekoration
150 g Schlagobers
60 g Schokoladespäne

Evtl. Butter
Evtl. Mehl
Kristallzucker
50 g Ribiselmarmelade

**Für diese Torte braucht man nur die halbe Menge, doch der Schokoladeboden gelingt besser, wenn man gleich mehr zubereitet. Der Rest läßt sich, in Klarsichtfolie gewickelt, gut einfrieren und hält mehrere Wochen.*
Als Schokolade am besten Couvertüre, ersatzweise Bitter- oder Kochschokolade verwenden.

Eier und Kristallzucker in einem Schneekessel über Wasserdampf aufschlagen. Schneekessel vom Dampf nehmen und Masse weiterschlagen, bis sie etwa auf Zimmertemperatur abgekühlt ist („kaltschlagen“). Mehl und Kakao versieben und unterheben. Öl vorsichtig einrühren. Einen Tortenreifen mit Papier oder Alufolie eindrehen (siehe Illustration) bzw. eine Tortenform von 24 cm Durchmesser mit Butter ausstreichen und mit Mehl ausstreuen. Masse einfüllen, zum Rand hochstreichen (siehe Illustration) und im vorgeheizten Rohr bei 180 Grad 35—40 Minuten backen. Torte aus dem Rohr nehmen, mit Kristallzucker bestreuen, umdrehen und auskühlen lassen. Aus dem Reifen schneiden bzw. aus der Form lösen. Tortenboden mit einem Sägemesser horizontal durchschneiden (für die Torte wird nur eine Hälfte benötigt; Rest einfrieren).

Für die Schokoladecreme Schlagobers zu cremiger Konsistenz aufschlagen und kaltstellen. Ei und Dotter mit Kristallzucker, Vanillezucker und einer Prise Salz in einem Schneekessel über Wasserdampf zu cremiger Konsistenz aufschlagen. Schneekessel vom Dampf nehmen und Creme weiterschlagen, bis sie etwa auf Zimmertemperatur abgekühlt ist („kaltschlagen“).
Schokolade über Wasserdampf schmelzen; die Schokolade darf dabei nicht wärmer als 40 Grad werden. Schokolade, ⅓ der Eiermasse, ⅓ vom Schlagobers, kalten Kaffee und Weinbrand gut verrühren. Restliches Schlagobers und kaltgeschlagene Creme unterziehen.

Tortenboden mit einem Tortenreifen oder dem Ring der Tortenform umstellen. Mit Ribiselmarmelade bestreichen. Die Schokoladecreme einfüllen und glattstreichen. Mit Folie abdecken und 2—3 Stunden im Kühlschrank kaltstellen.

(Weiter auf Seite 12)

(Fortsetzung von Seite 10)

Für die Dekoration Schlagobers steif schlagen. Torte mit einem Messer vom Rand des Tortenreifens lösen und Tortenreifen abheben. Torte mit Schlagobers einstreichen und mit feinen Schokoladespänen bestreuen. Ein langes, glattes Tortenmesser in heißes Wasser tauchen, Torte in Stücke schneiden.

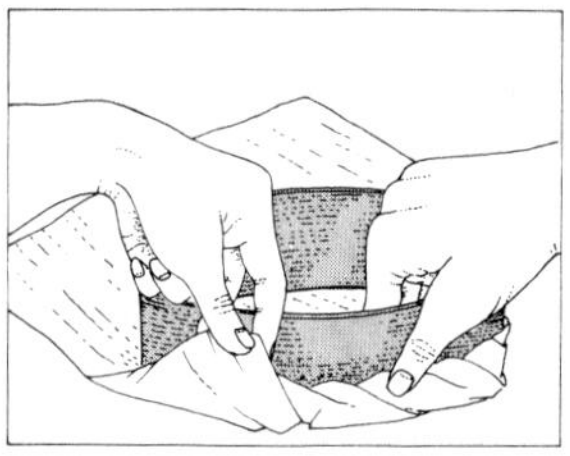

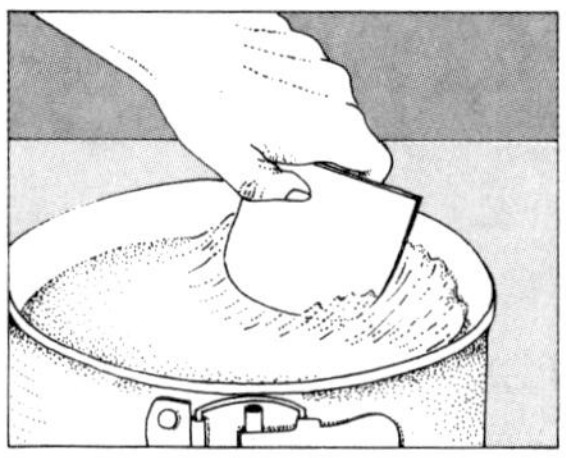

So wird der Tortenreifen in Pergamentpapier „eingedreht". Pergamentpapier an den Enden zusammenkleben: Tortenmasse vor dem Backen zum Rand der Form hochstreichen, damit die Torte gleichmäßig aufgeht.

Erdbeer-Obers-Torte

Zutaten für 1 Torte mit 24 cm Durchmesser

---

4 Eier
120 g Kristallzucker
1 TL Vanillezucker
Salz
½ Zitrone
70 g glattes Mehl
60 g Weizenstärke
50 g Butter oder Butterschmalz

Für das Erdbeerobers
250 g Erdbeeren
150 g Staubzucker
Ca. 5 Blatt Gelatine
Saft von 1 Zitrone
400 g Schlagobers

Für die Dekoration
¼ l Schlagobers
12 schöne Erdbeeren

Evtl. Butter
Evtl. Mehl
Kristallzucker
100 g Walderdbeeren oder 150 g Gartenerdbeeren

Zitrone waschen und die Schale fein abreiben. Mehl und Weizenpuder versieben. Eier, Kristallzucker, Vanillezucker, eine Prise Salz und Zitronenschale schaumig rühren. Mehlmischung behutsam unterheben. Butter erhitzen und noch heiß vorsichtig untermengen. Einen Tortenreifen mit Papier oder Alufolie eindrehen (siehe Illustration, Seite 12) bzw. eine Tortenform von 24 cm Durchmesser mit Butter ausstreichen und mit Mehl ausstreuen. Masse einfüllen, zum Rand hochstreichen (siehe Illustration, Seite 12) und im vorgeheizten Rohr bei 180 Grad 35—40 Minuten backen.

Torte mit Kristallzucker bestreuen, mit Backtrennpapier abdecken, umdrehen und auskühlen lassen. Mit einem Sägemesser zweimal horizontal durchschneiden, sodaß 3 Böden entstehen.
Für das Erdbeerobers Gelatine in kaltem Wasser einweichen. Erdbeeren waschen, abtropfen lassen, im Mixer pürieren und durch ein Sieb passieren. Erdbeerpüree mit Staubzucker und Zitronensaft glattrühren. Gelatine gut ausdrücken und am besten über Wasserdampf auflösen. Erdbeermark und Gelatine gut verrühren und kaltstellen, bis die Masse leicht anzieht. Schlagobers aufschlagen. ⅓ vom Schlagobers mit dem Erdbeermark gut verrühren, restliches Schlagobers behutsam unterziehen.

Walderdbeeren waschen, putzen und abtropfen lassen (Gartenerdbeeren vierteln). Einen Biskuitboden mit einem Tortenreifen oder dem Ring der Tortenform umstellen. Die Hälfte vom Erdbeerobers in den Ring füllen und auf dem Boden glattstreichen. Die Hälfte der Walderdbeeren auf dem Obers verteilen. Den zweiten Biskuitboden daraufsetzen, etwas andrücken, mit der restlichen Creme bestreichen. Erdbeeren daraufsetzen. Den letzten Boden darauflegen und andrücken, sodaß die Torte so hoch wie der Tortenreifen ist. Mit Folie abdecken und die Creme im Kühlschrank fest werden lassen (dauert ca. 2 Stunden).
Für die Dekoration Schlagobers steif schlagen. Torte mit einem Messer vom Rand des Tortenreifens lösen und Tortenreifen abheben. Torte mit Schlagobers glatt einstreichen. Mit Erdbeeren dekorieren.

Sachertorte

Zutaten für 1 Torte mit
24 cm Durchmesser

180 g Butter
150 g Staubzucker
2 TL Vanillezucker
Salz
6 Eier
*180 g Schokolade**
180 g glattes Mehl
150 g Kristallzucker

Für die Glasur
300 g Kristallzucker
*250 g Schokolade**
⅛ l Wasser

Evtl. Butter
Evtl. Mehl
200 g Marillenmarmelade
Zucker
Schlagobers

**Am besten Couvertüre. Für die Tortenmasse ersatzweise Bitter- oder Kochschokolade verwenden. Bei der Glasur sollte man die im Rezept beschriebene Arbeit des Tablierens auf sich nehmen, bestenfalls als Ersatz der klassischen Sacher-Glasur Schokoladefondant verwenden.*

Eier in Dotter und Klar trennen. Schokolade im Wasserbad schmelzen. Butter in kleine Stücke schneiden, mit der Schokolade glattrühren. Staubzucker, Vanillezucker und eine Prise Salz zugeben und mit der Butter schaumig rühren. Dotter nach und nach einrühren.
Eiklar mit Zucker zu Schnee schlagen. ⅓ vom Schnee mit der Dottermasse verrühren. Restlichen Schnee und Mehl abwechselnd unterheben.

Einen Tortenreifen mit Papier oder Alufolie eindrehen (siehe Illustration, Seite 12) bzw. eine Tortenform von 24 cm Durchmesser mit Butter ausstreichen und mit Mehl ausstreuen. Masse einfüllen, zum Rand hochstreichen (siehe Illustration, Seite 12) und im vorgeheizten Rohr bei 190 Grad 15—20 Minuten anbacken. Torte bei ca. 160 Grad fertigbacken (dauert ca. weitere 40 Minuten). Torte aus dem Rohr nehmen, mit Zucker bestreuen, umdrehen und auskühlen lassen.

Torte aus dem Reifen schneiden bzw. aus der Form lösen, in der Mitte horizontal durchschneiden und sauber zurechtschneiden. Marmelade glattrühren. Torte mit ca. 3 EL Marmelade füllen, zusammensetzen und mit der glatten Seite nach oben auf eine Unterlage setzen. Restliche Marmelade aufkochen. Die Marmelade hat die richtige Konsistenz, wenn sie geliert (zur Probe einen Tropfen heiße Marmelade auf einen Teller geben: Die Marmelade darf nicht mehr verrinnen). Torte mit heißer Marmelade zweimal einstreichen („aprikotieren“), Tortenoberfläche mit einer Palette glattstreichen.

Für die Glasur Wasser und Zucker in einer Kasserolle aufkochen. Kasserolle vom Feuer nehmen. Schokolade in Stücke brechen, in den Zuckersirup geben und solange rühren, bis sie völlig geschmolzen ist. Den Rand der Kasserolle mit einem nassen Pinsel abwischen, damit die Schokolade nicht anbrennt. Glasur auf 108 Grad erhitzen (siehe Tip) und in ein anderes Geschirr abseihen.
Ca. ⅓ der Glasur auf eine kalte Marmorplatte gießen und mit einer Palette verstreichen, bis sie dickflüssig wird (man

nennt das „tablieren“; siehe Illustration). Restliche Glasur in der Zwischenzeit ab und zu behutsam glattrühren, damit sich keine Haut bildet. Dickflüssige Glasur wieder in das Geschirr streichen, mit der restlichen Glasur behutsam verrühren. Diesen Vorgang wiederholen, bis die gesamte Glasur dickflüssige Konsistenz aufweist.

Torte mit der Glasur überziehen, Glasur fest werden lassen (dauert ca. 1 Stunde). Schlagobers steif schlagen. Ein Messer kurz in heißes Wasser tauchen, Torte in Stücke schneiden und mit Schlagobers servieren.

Tip: Die Temperatur der Glasur kontrolliert man am besten mit der sogenannten Fingerprobe: Daumen und Zeigefinger in kaltem Wasser kühlen und in die Glasur tauchen. Glasur zwischen den Fingern verreiben. Finger öffnen: Zieht die Schokolade zwischen Daumen und Zeigefinger einen Faden, ist die Glasur gerade richtig.

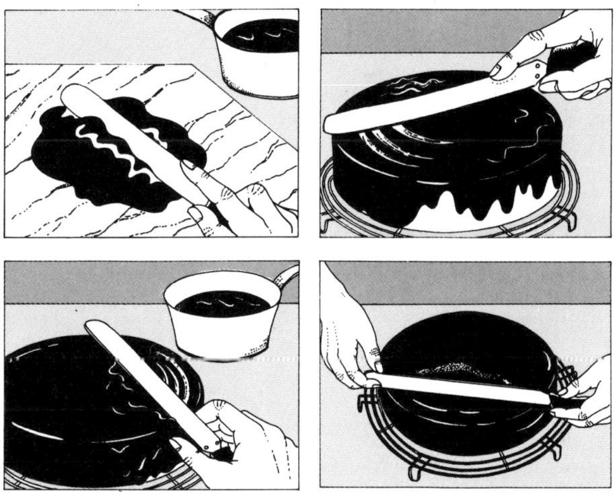

Schokoladeglasur entwickelt besonders schönen Glanz, wenn man sie auf einer kalten Unterlage „tabliert“. Die fertige Glasur über die Torte gießen und rasch verstreichen.

Mohntorte

Zutaten für 1 Torte mit
24 cm Durchmesser

200 g Butter
60 g Staubzucker
8 Eier
180 g Kristallzucker
*300 g gemahlener Mohn**
150 g Haselnüsse
Zimt
Salz
1 TL Vanillezucker

100 g Ribiselmarmelade
*150 g Fondant**
30 g Pistazien
Evtl. Butter
Evtl. Mehl
Zucker

**Der Mohn sollte möglichst frisch gemahlen verwendet werden, da gemahlener Mohn rasch verdirbt. Gemahlenen Mohn am besten in einem verschlossenen Plastiksäckchen im Tiefkühlfach des Kühlschranks aufbewahren.*
Fondant ist eine konzentrierte Zuckerlösung zum Glacieren von Mehlspeisen und im Lebensmittelhandel erhältlich.

Butter bei Zimmertemperatur weich werden lassen. Haselnüsse fein reiben. Eier in Dotter und Klar trennen. Butter mit Staubzucker, Vanillezucker, einer Prise Salz und 1 MS Zimt schaumig rühren. Dotter nach und nach einrühren.

Eiklar mit Kristallzucker zu Schnee schlagen. ⅓ vom Schnee mit der Dottermasse verrühren. Restlichen Schnee, Mohn und Haselnüsse behutsam unterheben. Einen Tortenreifen mit Papier oder Alufolie eindrehen (siehe Illustration, Seite 12) bzw. eine Tortenform von 24 cm Durchmesser mit Butter ausstreichen und mit Mehl ausstreuen. Masse einfüllen, zum Rand hochstreichen (siehe Illustration, Seite 12) und im vorgeheizten Rohr 1 Stunde backen. Torte aus dem Rohr nehmen, mit Kristallzucker bestreuen, stürzen und auskühlen lassen.

Torte mit Hilfe eines kleinen Messers aus der Form lösen, mit der schönen Seite nach oben auf eine Platte stellen. Ribiselmarmelade aufkochen. Fondant mit etwas Wasser verrühren und über Wasserdampf erwärmen. Torte zuerst mit Marmelade, dann mit Fondant bestreichen (Fondant sollte zum Glacieren von Torten etwas dickflüssiger sein als z.B. für Plundergebäck; Fondant wenn nötig aber doch mit wenig Wasser verdünnen). Mit gehackten Pistazien bestreuen.

Tip: Man kann die Torte auch mit Wasserglasur bestreichen: Staubzucker mit Wasser und etwas Rum zu dickflüssiger Konsistenz verrühren, erwärmen und zum Glacieren verwenden.

Kirsch-Kuppeltorte

Zutaten für 1 Torte mit 10 Stück

Für die Rouladen
5 Eier
120 g Kristallzucker
1 TL Vanillezucker
Salz
80 g glattes Mehl
30 g Kakao

Für die Creme
3/16 l Milch
75 g Kristallzucker
2 TL Vanillezucker
5½ Blatt Gelatine
2 EL Kirschwasser
3/8 l Schlagobers

Für die Fülle
1/8 l Kirschenkompottsaft
40 g Kristallzucker
3 Blatt Gelatine
180 g Kompottweichseln (Sauerkirschen)
Zimt
2 TL Weizenpuder oder Stärkemehl
1 EL Wasser

Kristallzucker
300 g Ribisel- oder Kirschmarmelade
1/8 l Schlagobers

Eier in Dotter und Klar trennen. Mehl und Kakao versieben. Dotter, Vanillezucker, eine Prise Salz und ca. 40 g vom Kristallzucker cremig rühren. Eiklar und ca. 80 g Zucker zu Schnee schlagen. ⅓ vom Schnee mit der Dottermasse verrühren. Restlichen Schnee und Mehl-Mischung unterheben.
Ein Backblech mit Backtrennpapier auslegen. Masse auf das Blech streichen, sodaß ein 40 cm breites und 50 cm langes Rechteck entsteht. Im vorgeheizten Rohr bei 200 Grad 12—15 Minuten backen.

Schokoladefleck aus dem Rohr nehmen, mit Zucker bestreuen, ein Blatt Backtrennpapier darauflegen und den Fleck umdrehen, Backtrennpapier abziehen.
Fleck mit Marmelade bestreichen und der Länge nach durchschneiden. Die beiden Streifen über die längere Kante zu Rouladen einrollen, in Folie wickeln und kaltstellen.

Für die Fülle Gelatine in kaltem Wasser einweichen. Weichseln abtropfen lassen. Kirschsaft, Zucker und eine Prise Zimt aufkochen. Weizenpuder mit 1 EL Wasser abrühren, in den Kirschsaft rühren und unter ständigem Rühren zu cremiger Konsistenz einkochen. Gelatine gut ausdrücken, in der Kirschcreme schmelzen. Weichseln unter die Creme heben, kaltstellen.

mit Folie auslegen. Scheiben in die Schüssel schichten (siehe Illustration; ein paar Scheiben für den Abschluß reservieren).

Für die Creme Gelatine in kaltem Wasser einweichen. Milch, Vanillezucker, Kristallzucker und eine Prise Salz aufkochen. Gelatine gut ausdrücken, in die warme Milch rühren und schmelzen. Creme durch ein Passiersieb streichen und im Kühlschrank leicht anziehen lassen. Creme mit Kirschwasser abschmecken.
Schlagobers zu cremiger Konsistenz aufschlagen. ⅓ vom Schlagobers mit der Creme verrühren. Restliches Schlagobers unterziehen.

Creme in die Schüssel streichen, im Kühlschrank ½ Stunde anziehen lassen. Weichseln als Schicht auf der Creme verteilen. Restliche Scheiben auf die Weichseln legen. Kuppeltorte kaltstellen.
⅛l Schlagobers steif schlagen. Torte stürzen und mit Schlagobers dekorieren.

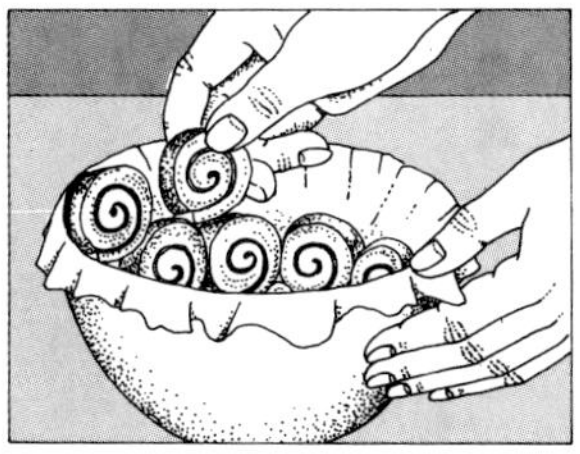

So werden die Scheiben von der Roulade in die Form eingelegt: Hohlräume mit Creme füllen, mit Weichseln und Rouladescheiben abschließen.

Malakofftorte

Zutaten für 1 Torte mit
24 cm Durchmesser

Für den Boden
Zutaten wie im Rezept „Biskuit" auf Seite 13, jedoch nur ½ Menge

---

Für die Biskotten
5 Eier
130 g Kristallzucker
160 g glattes Mehl
1 TL Vanillezucker
Salz

Für die Creme
1/16 l starker Kaffee
1/16 l Milch
50 g Kristallzucker
Salz
4 Blatt Gelatine
1 Eidotter
350 g Schlagobers

Für die Rum-Tränke
3 EL Wasser
50 g Staubzucker
4 cl (2–3 EL) Rum

Für die Dekoration
400 g Schlagobers
60 g Schokolade

Staubzucker

Biskuitteig wie im Rezept auf Seite 13 beschrieben zubereiten. Einen Tortenboden von 24 cm Durchmesser ausstechen.
Für die Biskotten Eier in Dotter und Klar trennen. Dotter, 2 EL Kristallzucker, Vanillezucker und eine Prise Salz schaumig rühren. Eiklar mit restlichem Zucker zu Schnee schlagen. ⅓ vom Schnee mit der Dottermasse gut verrühren. Restlichen Schnee und Mehl behutsam unterheben.
Ein Backblech mit Backtrennpapier auslegen. Masse in einen Spritzsack füllen und in Form von 5 cm langen Biskotten auf das Blech dressieren. Biskotten mit Staubzucker bestreuen und im vorgeheizten Rohr backen, bis sie Farbe genommen haben; während des Backens einen Kochlöffel zwischen Backrohrtür und Rahmen klemmen, damit die Tür einen kleinen Spalt offen bleibt. Biskotten aus dem Rohr nehmen und vom Blech lösen.

Für die Creme Gelatine in kaltem Wasser einweichen. Milch, eine Prise Salz und Kaffee aufkochen. Dotter mit Zucker schaumig schlagen. Milchkaffee unter ständigem Rühren in die Dottermasse gießen und bei kleiner Hitze zu cremiger Konsistenz verrühren.
Gelatine gut ausdrücken und in der warmen Creme auflösen. Creme durch ein Passiersieb abseihen und kaltstellen, bis sie leicht stockt. Schlagobers zu cremiger Konsistenz aufschlagen. ⅓ vom Schlagobers mit der Creme verrühren. Restliches Schlagobers behutsam unter die Creme ziehen.

Für die Rum-Tränke der Biskotten Wasser, Rum und Staubzucker verrühren, bis sich der Zucker völlig aufgelöst hat.

(Weiter auf Seite 22)

(Fortsetzung von Seite 20)

Biskuitboden mit einem Tortenreifen umstellen. ⅓ der Creme auf den Biskuitboden streichen. Biskotten mit der gewölbten Seite nach oben dicht an dicht auf die Creme setzen und ein wenig andrücken. Biskotten mit der Hälfte von der Rumtränke bestreichen. Ein weiteres Drittel der Creme auf die Biskotten streichen, mit Biskotten belegen (nicht alle Biskotten verbrauchen, ein paar werden noch für die Dekoration gebraucht) und mit der Rummischung bestreichen. Restliche Creme auf den Biskotten glatt verstreichen (Creme und Biskotten möglichst rasch übereinanderschichten, da die Creme schnell anzieht). Torte mit Folie abdecken und 2—3 Stunden kaltstellen.

Für die Dekoration Schokolade über Wasserdampf schmelzen. Reservierte Biskotten in der Mitte durchschneiden und schräg in Schokolade tunken, auf ein Stück Folie setzen und Schokolade im Kühlschrank fest werden lassen.
Schlagobers steif schlagen. Torte mit einem Messer vom Rand des Tortenreifens lösen und Tortenreifen abheben. Torte mit der Hälfte vom Schlagobers einstreichen. Tortenstücke markieren.
Restliches Obers in einen Spritzsack mit Sterntülle füllen. Torte verzieren, auf jedes Tortenstück eine Schokoladebiskotte setzen.

Herrentorte mit Punsch

Zutaten für 1 Torte mit 24 cm Durchmesser

Für den Nußboden
5 Eier
230 g Kristallzucker
1 TL Vanillezucker
Salz
200 g glattes Mehl
80 g braune Mandeln oder Haselnüsse
Zimt

Zum Tränken der Masse
*80 g Ananassaft**
60 g Kristallzucker
2 EL Wasser
1 Schuß Rum
⅛ l Weißwein

Evtl. Butter
Evtl. Mehl
Kristallzucker
¼ l Schlagobers
Staubzucker

**Am einfachsten aus der Dose.*

Eier in Dotter und Klar trennen. Mandeln fein reiben. Mehl sieben und mit Mandeln und 1 MS Zimt vermischen. Dotter, 2 EL Kristallzucker, Vanillezucker und eine Prise Salz schaumig rühren. Eiklar mit restlichem Zucker zu Schnee schlagen. ⅓ vom Schnee mit der Dottermasse gut verrühren. Restlichen Schnee und Mehlmischung behutsam unterheben.

Einen Tortenreifen mit Papier oder Alufolie eindrehen (siehe Illustration, Seite 12) bzw. eine Tortenform von 24 cm Durchmesser mit Butter ausstreichen und mit Mehl ausstreuen. Masse einfüllen, zum Rand hochstreichen (siehe Illustration, Seite 12) und im vorgeheizten Rohr bei 180 Grad 35—40 Minuten backen.
Torte aus dem Rohr nehmen, mit Zucker bestreuen, umdrehen und auskühlen lassen. Mit einem Messer aus der Form schneiden. Mit einem Tortenreifen oder dem Ring der Tortenform umstellen und mit der schönen Seite nach oben auf eine Platte setzen.

Zucker, Ananassaft und Wasser aufkochen, Sirup kaltstellen. Rum und Weißwein in den Sirup rühren. Tortenboden mit der Flüssigkeit bestreichen, bis er sie völlig aufgesaugt hat.
Schlagobers mit ein wenig Staubzucker steif schlagen, nach Geschmack weiteren Zucker einrühren. Tortenreifen abheben. Auf der Torte Portionsstücke markieren. Schlagobers in einen Spritzsack mit Sterntülle füllen. Die einzelnen Tortenstücke mit Schlagobers dekorieren.

Trüffeltorte

Zutaten für 1 Torte mit 24 cm Durchmesser

Für den Tortenboden
200 g Butter
90 g Staubzucker
6 Eier
120 g Kristallzucker
*200 g Schokolade**
1 TL Vanillezucker
70 g glattes Mehl
270 g Haselnüsse

Für die Trüffelcreme
3/8 l Schlagobers
*400 g Schokolade**
3 EL Rum

Evtl. Butter
Evtl. Mehl
Schokoladespäne

**Am besten Couvertüre, ersatzweise Bitter- oder Kochschokolade.*

Zuerst den Schokolade-Nußboden: Schokolade über Wasserdampf schmelzen. Butter bei Zimmertemperatur weich werden lassen. Eier in Dotter und Klar trennen. Haselnüsse fein reiben und mit dem Mehl vermischen. Butter mit Staubzucker und Vanillezucker cremig schlagen. Dotter nach und nach einrühren. Zuletzt die Schokolade unterziehen.
Eiklar mit Kristallzucker zu Schnee schlagen. 1/3 vom Schnee mit der Schokolademasse gut verrühren. Restlichen Schnee und Mehlmischung behutsam unterheben.

Einen Tortenreifen mit Papier oder Alufolie eindrehen (siehe Illustration, Seite 12) bzw. eine Tortenform von 24 cm Durchmesser mit Butter ausstreichen und mit Mehl ausstreuen. Masse einfüllen, zum Rand hochstreichen (siehe Illustration, Seite 12) und im vorgeheizten Rohr bei 180 Grad ca. 1 Stunde backen.
Torte auskühlen lassen und aus dem Reifen schneiden bzw. aus der Form lösen. Torte mit einem Sägemesser zweimal horizontal durchschneiden, sodaß 3 Böden entstehen.

Für die Creme Schokolade grob hacken. Schlagobers aufkochen und vom Feuer nehmen. Schokolade zugeben und verrühren, bis sie völlig aufgelöst ist. Rum einrühren. Creme kaltstellen, rasten und leicht anziehen lassen.
Einen Boden mit einem Tortenreifen oder dem Ring der Tortenform umstellen. 1/3 der Creme auf dem Boden verstreichen und mit dem zweiten Tortenboden abdecken. Wieder 1/3 der Creme darauf glattstreichen. Den letzten Boden auf die Creme setzen und etwas andrücken. Torte mit Folie abdecken und ca. 2 Stunden kaltstellen.

Torte mit einem Messer vom Rand des Tortenreifens lösen und Tortenreifen abheben. Die restliche Creme glattrühren, falls sie zu fest ist, über Wasserdampf auf dickflüssige

(Weiter auf Seite 26)

(Fortsetzung von Seite 24)

Konsistenz erwärmen. Creme über die Torte gießen. Torte mit der Creme einstreichen und mit Schokoladespänen bestreuen (dabei muß die Creme noch weich sein, sonst bleiben die Späne nicht haften; falls die Creme schon zu sehr angezogen hat, stellt man die Torte einige Sekunden in das auf ca. 100 Grad vorgeheizte Rohr).

Kakao-Nuss-Torte

Zutaten für 1 Torte mit 24 cm Durchmesser

Für die Nußmasse
6 Eier
180 g Kristallzucker
180 g Walnüsse
120 g glattes Mehl
60 g Butter
2 TL Vanillezucker
Zimt

Für die Dekoration
Kakaopulver
*150 g Schokolade**
Ca. 30 g Haselnüsse

Für die Nußfarce
100 g Walnüsse
50 g Kristallzucker
1/16 l Wasser
2 EL Rum
Buttercreme (Zutaten wie im Rezept auf Seite 171, jedoch nur 1/2 Menge)

Evtl. Butter
Evtl. Mehl
Kristallzucker

**Am besten Couvertüre, ersatzweise Fett-Glasur (siehe auch Fußnote, Seite 62).*

Walnüsse fein reiben. Mehl und Walnüsse versieben. Eier, Kristallzucker, Vanillezucker und 1 MS Zimt schaumig rühren, bis die Masse nicht mehr an Volumen zunimmt. Mehl-Nuß-Mischung behutsam unterheben. Butter erhitzen. Heiße Butter vorsichtig untermengen.

Einen Tortenreifen mit Papier oder Alufolie eindrehen (siehe Illustration, Seite 12) bzw. eine Tortenform von 24 cm Durchmesser mit Butter ausstreichen und mit Mehl ausstreuen. Masse einfüllen, zum Rand hochstreichen (siehe Illustration, Seite 12) und im vorgeheizten Rohr bei 180 Grad 35—40 Minuten backen.
Torte mit Kristallzucker bestreuen, mit Backtrennpapier abdecken, umdrehen und auskühlen lassen. Mit einem Sägemesser zweimal horizontal durchschneiden, sodaß 3 Böden entstehen.

Für die Nußfarce Walnüsse sehr fein reiben. 1/16 l Wasser und Zucker aufkochen. Walnüsse zugeben und unter ständigem Rühren aufkochen. Geschirr vom Feuer nehmen, Rum einrühren und kaltstellen.
Die Buttercreme wie im Rezept auf Seite 171 beschrieben zubereiten. 1/3 der Buttercreme mit der Nußfarce fest verrühren. Restliche Buttercreme langsam unterrühren.

Einen Nußboden mit einem Tortenreifen oder dem Ring der Tortenform umstellen. 1/3 der Nußcreme darauf verstreichen. Den zweiten Boden daraufsetzen und wieder mit 1/3 der Creme bestreichen. Den letzten Boden auf die Creme setzen, etwas andrücken, sodaß die Torte so hoch wie der Tortenreifen ist. Torte kühlstellen, damit die Creme fest wird (dann läßt sich die Torte besser einstreichen).

Torte mit einem Messer vom Rand des Tortenreifens lösen und Tortenreifen abheben. Oberfläche und Seite der Torte mit Nußcreme einstreichen. Creme im Kühlschrank fest werden lassen (dauert ca. 1/2 Stunde).
Auf der Torte Portionen markieren. Torte mit Kakao bestreuen. Die restliche Creme in einen Spritzsack füllen. In jedes Portionsstück am Rand der Torte ein kleines Loch

(Umseitig weiter)

(Fortsetzung von Seite 27)

drücken (sonst halten die Creme-Tupfen nicht). Creme in kleinen Tupfen in die Vertiefungen dressieren.

Haselnüsse reiben und rösten. Couvertüre oder Fettglasur wie im Rezept auf Seite 62 beschrieben vorbereiten. Schokolade auf eine glatte Arbeitsfläche streichen, mit gerösteten Haselnüssen bestreuen und fest werden lassen. Aus der Schokolade Ellipsen ausstechen (am besten mit einem erwärmten, glatten Ausstecher) und auf die Tupfen setzen.

Tip: Anstelle der Schokoladeplättchen kann man auch Walnußhälften auf die Tupfen setzen.
Wenn die Torte besonders saftig sein soll, kann man die beiden oberen Nußböden mit Rum tränken (40g Wasser, 40g Staubzucker und 2—3 EL Rum gut verrühren und auf die Böden pinseln).

Williamstorte

Zutaten für 1 Torte mit
24 cm Durchmesser

Für den Biskuitboden
Zutaten wie im Rezept auf
Seite 13

Für den Mürbteigboden
75 g glattes Mehl
50 g Butter
25 g Staubzucker
½ Eidotter

Für die Williamscreme
⅛ l Milch
60 g Kristallzucker
1 TL Vanillezucker
Salz
1 Eidotter
4 Blatt Gelatine
3 cl (2 EL) Williamsbrand
300 g Schlagobers

Für die pochierten Birnen
600 g Williamsbirnen
¼ l Wasser
80 g Kristallzucker
2 cl (1–2 EL)
Williamsbrand
Saft von 2 Zitronen

Mehl
Ca. 80 g Schlagobers
50 g Marillenmarmelade
1 Pkg. Tortengelee
Ca. 60 g gehobelte, geschälte
Mandeln oder Haselnüsse

Biskuit wie im Rezept auf Seite 13 beschrieben zubereiten, und horizontal durchschneiden, sodaß zwei Blätter mit ca. 1 cm Stärke entstehen.

Für den Mürbteigboden Mehl auf eine Arbeitsfläche sieben. Butter in kleinen Stücken mit dem Mehl verkrümeln. Ei und Staubzucker einarbeiten und rasch zu einem glatten Teig verkneten. Teig in Folie wickeln und an einem kühlen Ort ca. ½ Stunde rasten lassen.
Mürbteig ca. 2 mm dick ausrollen, einen Boden von 24 cm Durchmesser ausschneiden und auf ein bemehltes Backblech legen. Mit einer Gabel mehrfach einstechen und im Rohr bei 200 Grad goldbraun backen.

Birnen waschen, schälen und entkernen. Wasser mit Zucker, Williamsbrand und Zitronensaft aufkochen. Birnen in den Sirup legen, zudecken und bißfest kochen. Geschirr vom Feuer nehmen, Birnen auskühlen lassen.
Für die Creme Gelatine in kaltem Wasser einweichen. Milch, Vanillezucker und eine Prise Salz aufkochen. Dotter und Zucker mit einem Schneebesen verrühren. Kochende Milch unter ständigem Rühren zu den Dottern gießen und so lange rühren, bis die Masse bindet. Gelatine gut ausdrücken, in die warme Creme rühren und auflösen. Creme durch ein Passiersieb abseihen und kaltstellen, bis sie leicht stockt.

Mürbteigboden mit Marillenmarmelade bestreichen.
1 Biskuitboden auf den Mürbteig legen. Mit einem Tortenreifen umstellen. ¼ der Birnen aus dem Saft heben, abtropfen lassen und kleinwürfelig schneiden. Birnenwürfel auf dem Biskuitboden verteilen.
Schlagobers steif schlagen. Creme mit Williamsbrand glattrühren. ⅓ des Schlagobers mit der Creme fest verrühren. Restliches Schlagobers behutsam unterheben.

Creme (bis auf 3 EL) auf die Birnenwürfel in den Tortenreifen füllen und glattstreichen. Den zweiten Biskuitboden auf die Creme setzen. Restliche Creme darauf verstreichen. Torte mit Folie abdecken und 2 Stunden kaltstellen.

Die restlichen Birnen aus dem Saft heben, abtropfen lassen und in dünne Spalten schneiden. Torte mit Birnenspalten fächerförmig belegen.

Tortengelee wie auf der Packung beschrieben auflösen, auf die Birnen streichen und fest werden lassen. Torte mit einem Messer vom Rand des Tortenreifens lösen und Tortenreifen abheben. Schlagobers steif schlagen. Torte auf der Seite mit Schlagobers einstreichen und mit Mandeln einstreuen (siehe Illustration).

So wird der Rand der Torte mit Mandelsplittern eingestreut: Splitter, die nicht haften bleiben, mit einer Palette oder Teigkarte nochmals am Rand hochziehen.

Mandeltorte

Zutaten für 1 Torte mit 24 cm Durchmesser

---

120 g Butter
6 Eier
100 g Kristallzucker
80 g Rohmarzipan
100 g glattes Mehl
50 g Weizenstärke
1 TL Vanillezucker
Salz
½ Zitrone
60 g gehobelte Mandeln

Evtl. Butter
Evtl. Mehl
Staubzucker
¼ l Schlagobers

Mehl und Weizenstärke versieben. Butter bei Zimmertemperatur weich werden lassen. Zitrone waschen, Schale fein abreiben. Eier in Dotter und Klar trennen. Eidotter, Vanillezucker, eine Prise Salz, Zitronenschale und Rohmarzipan zu einer glatten Masse verrühren. Butter zugeben und cremig rühren.
Eiklar mit Zucker zu Schnee schlagen. ⅓ vom Schnee mit der Marzipanmasse gut verrühren. Restlichen Schnee und Mehlmischung behutsam unterheben.

Einen Tortenreifen mit Papier oder Alufolie eindrehen (siehe Illustration, Seite 12) bzw. eine Tortenform von 24 cm Durchmesser mit Butter ausstreichen und mit Mehl ausstreuen. Masse einfüllen, zum Rand hochstreichen (siehe Illustration, Seite 12) und mit den gehobelten Mandeln bestreuen. Torte im vorgeheizten Rohr bei 170 Grad ca. 1 Stunde backen.
Torte auskühlen lassen und aus dem Reifen schneiden bzw. aus der Form lösen. Mit Staubzucker bestreuen, mit cremig geschlagenem Obers servieren.

Zitronentorte

Zutaten für 1 Torte mit
24 cm Durchmesser

Für das Biskuit
4 Eier
120 g Kristallzucker
½ Zitrone
80 g glattes Mehl
60 g Weizenpuder oder Stärkemehl
60 g Butter

Für die Zitronencreme
300 g Butter
200 g Kristallzucker
2 Zitronen
2 Eier
2 TL Staubzucker

Evtl. Butter
Evtl. Mehl
Kristallzucker
60 g geschälte Mandeln oder Haselnüsse

Zitrone waschen und die Schale fein abreiben. Mehl und Weizenpuder versieben. Eier in Dotter und Klar trennen. Dotter, 2 EL Kristallzucker und Zitronenschale schaumig rühren. Eiklar mit restlichem Zucker zu Schnee schlagen. ⅓ vom Schnee mit der Dottermasse gut verrühren. Restlichen Schnee und Mehl behutsam unterheben. Butter schmelzen, die heiße Butter vorsichtig untermengen.

Einen Tortenreifen mit Papier oder Alufolie eindrehen (siehe Illustration, Seite 12) bzw. eine Tortenform von 24 cm Durchmesser mit Butter ausstreichen und mit Mehl ausstreuen. Masse einfüllen und im vorgeheizten Rohr bei 180 Grad 35—40 Minuten backen.
Biskuit mit reichlich Kristallzucker bestreuen, mit Backtrennpapier abdecken, umdrehen, sodaß es auf der angezuckerten Seite liegt und im Tiefkühlfach ca. 1 Stunde kaltstellen (dadurch gefriert das Biskuit, und es lassen sich gleichmäßige, dünne Böden zurechtschneiden).

Für die Creme Zitronen waschen und die Schale fein abreiben. Saft auspressen. Zucker mit 200 g Butter, Zitronenschale und Zitronensaft aufkochen. Eier einrühren. Masse nochmals aufkochen und unter ständigem Rühren kochen, bis sie bindet. Creme durch ein Sieb streichen und kaltstellen, bis sie stockt.

Biskuit in 5 gleiche Blätter schneiden. 100 g Butter mit 2 EL Staubzucker schaumig rühren und mit der Zitronencreme behutsam zu einer geschmeidigen Masse abrühren (Vorsicht: Die Creme gerinnt leicht!).

Mandeln reiben, im Rohr leicht rösten, vom Blech schieben und abkühlen lassen.
Die 5 Biskuitböden wechselweise mit Creme übereinanderschichten, mit Creme abschließen. Auch die Seite der Torte glatt mit Creme einstreichen. Seite mit Mandeln einstreuen (siehe Illustration; Seite 31).
Mit einem langen, glatten Tortenmesser ein Gitter auf der Oberseite der Torte markieren. Restliche Creme in einen Spritzsack füllen und ein Gitter auf die Torte dressieren.

Topfen-Obers-Torte mit Orangen

Zutaten für 1 Torte mit 24 cm Durchmesser

Für den Tortenboden
Zutaten wie im Rezept auf Seite 13

Für die Topfencreme
250 g Topfen (20 % Fettgehalt)
120 g Staubzucker
100 g Sauerrahm
7 Blatt Gelatine
¼ Zitrone
¼ Orange
Saft von 1 Zitrone
1 TL Vanillezucker
Salz
400 g Schlagobers

Für die Fülle
2 kernlose Orangen
2 EL Kristallzucker
2–3 EL Orangensaft
Orangenlikör

Für die Dekoration
150 g Schlagobers

Staubzucker

Biskuit wie auf Seite 13 beschrieben zubereiten. Orangen schälen, sodaß auch die äußere Haut vom Fruchtfleisch mitgeht. Orangenspalten zwischen den Trennhäuten herausschneiden (siehe Illustration). Orangenspalten in eine Schüssel geben, mit Zucker und Orangensaft vermischen und ziehen lassen. Orangenspaltenmarinade mit Likör verfeinern.

Für die Creme Gelatine in kaltem Wasser einweichen. Orange und Zitrone waschen, Schalen fein abreiben. Topfen durch ein Passiersieb streichen. Topfen, Staubzucker, eine Prise Salz, Orangen- und Zitronenschale, Zitronensaft und Sauerrahm glattrühren.
Schlagobers zu cremiger Konsistenz aufschlagen. Gelatine gut ausdrücken und am besten über Wasserdampf auflösen und gut erwärmen. ¼ der Topfenmasse mit der Gelatine gut verrühren. Restliche Topfenmasse einrühren. Schlagobers behutsam unterziehen.

Von der schöneren Seite des Biskuitbodens ein ca. 1 cm starkes Blatt als Decke der Torte möglichst exakt abschneiden. Orangen aus der Marinade heben und abtropfen lassen. Restliches Biskuit so zurechtschneiden, sodaß ein zweiter, 1½ cm starker Boden entsteht. Diesen Boden mit einem Tortenreifen umstellen. Mit der Marinade der Orangenspalten beträufeln. Orangenspalten kreisförmig auf dem Boden auflegen. Topfencreme auf die Spalten streichen. Torte mit Folie abdecken und ca. 2 Stunden kaltstellen.

Das als Decke der Torte vorgesehene Biskuitblatt mit einem glatten Messer in 12 Segmente schneiden. Schlagobers steif schlagen. Torte mit einem Messer vom Rand des

(Weiter auf Seite 38)

(Fortsetzung von Seite 36)

Tortenreifens lösen und Tortenreifen abheben. Torte mit Schlagobers einstreichen, Biskuitsegmente auflegen. Mit Staubzucker bestreuen.

Tip: Damit sich die Torte leichter auf den Teller heben läßt, kann man sie zusätzlich auf einen Mürbteigboden setzen: 25 g Staubzucker mit 50 g Butter, 75 g glattem Mehl und ½ Eidotter vermengen und wenig verkneten. Teig rasten lassen, ausrollen, auf ein befettetes und bemehltes Backblech legen, mit einer Gabel mehrfach einstechen und im Rohr bei 200 Grad goldbraun backen. Vor dem Aufsetzen des Biskuitbodens mit Orangenmarmelade bestreichen.

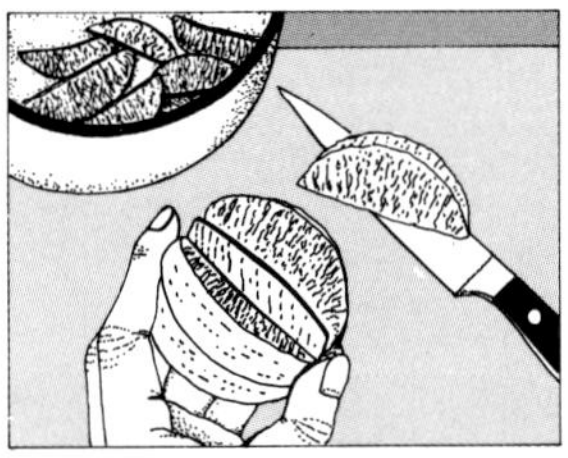

So werden die Orangen in „Filets" geschnitten: Orangen so schälen, daß auch die äußere Haut der Spalten mitgeht, Spalten zwischen den Trennhäuten herausschneiden.

Mandel-Apfel-Torte

Zutaten für 1 Torte mit 24 cm Durchmesser

Für den Nußboden
80 g Kokosfett
60 g Butter
150 g Staubzucker
180 g Walnüsse
150 g Biskotten- oder Semmelbrösel
1 EL glattes Mehl
1 TL Vanillezucker
Zimt
3 Eier

Für den Biskuitboden
2 Eier
30 g Kristallzucker
20 g glattes Mehl
2 TL Weizenstärke

Für die Fülle
*900 g Äpfel**
⅛ l Weißwein
¼ l Wasser
2 cl Apfelbrand oder Calvados
Saft von 1 Zitrone
90 g Kristallzucker
½ Stange Zimt
½ Zitrone
12 g Weizenstärke

Für die Mandelmasse
80 g gehobelte Mandeln
80 g Staubzucker
Ca. ½ Eiklar

Evtl. Butter
Evtl. Mehl
Kristallzucker
Ca. 150 g Ribiselmarmelade
Ca. 80 g geschälte Mandeln oder Haselnüsse

**Am besten der Sorte Golden Delicious.*

Für den Nußboden Butter bei Zimmertemperatur weich werden lassen. Butter und Kokosfett mit Staubzucker, Vanillezucker und 1 MS Zimt cremig rühren. Walnüsse fein reiben, mit Mehl und Bröseln vermischen und abwechselnd mit den Eiern in den Abtrieb rühren.

Einen Tortenreifen mit Papier oder Alufolie eindrehen (siehe Illustration, Seite 12) bzw. eine Tortenform von 24 cm Durchmesser mit Butter ausstreichen und mit Mehl ausstreuen. Masse einfüllen, mit einer Teigkarte zum Rand hochstreichen (siehe Illustration, Seite 12) und im vorgeheizten Rohr bei 160 Grad ca. 1 Stunde backen. Auskühlen lassen.

Für den Biskuitboden Eier mit Zucker in einem Schneekessel über Wasserdampf aufschlagen. Schneekessel vom Dampf nehmen und Masse weiterschlagen, bis sie etwa auf Zimmertemperatur abgekühlt ist („kaltschlagen"). Mehl und Weizenstärke versieben und unterheben.
Ein Backblech mit Backtrennpapier auslegen und darauf einen Kreis von ca. 26 cm Durchmesser markieren. Masse auf das Backblech geben, auf die Größe des Kreises verstreichen und im vorgeheizten Rohr bei 220 Grad ca. 10 Minuten backen.
Biskuitboden mit reichlich Kristallzucker bestreuen, mit Backtrennpapier abdecken, umdrehen, sodaß er auf der angezuckerten Seite liegt und auskühlen lassen.

Für die Fülle Zitrone waschen, Schale fein abreiben. Äpfel waschen, schälen, Kerngehäuse ausstechen. Äpfel in ca. 1½ cm dicke Spalten schneiden. Weißwein, Wasser, Zucker, Zitronenschale, Zitronensaft, Zimtrinde und Apfelbrand aufkochen. Apfelspalten zugeben und bißfest kochen. Apfelspalten abseihen (Saft auffangen), auf einem Gitter abtropfen und abkühlen lassen.
1 dl vom Saft aufkochen. Weizenstärke mit etwas Wasser verrühren, in den Saft rühren und unter ständigem Rühren kochen, bis sich eine dickflüssige Creme gebildet hat. Apfelspalten unter dic Creme mischen.

(Umseitig weiter)

(Fortsetzung von Seite 39)

Ribiselmarmelade auf streichfähige Konsistenz erwärmen. Nußboden aus dem Reifen schneiden bzw. aus der Form lösen, mit einem Tortenreifen oder dem Ring der Tortenform umstellen und mit Ribiselmarmelade bestreichen. Äpfel kuppelförmig auf den Boden schichten.
Backtrennpapier vom Biskuitboden abziehen. Biskuit auf die Äpfel setzen, gut anpressen und eventuell am Rand zurechtschneiden.

Für die Mandelmasse Mandeln, Staubzucker und Eiklar gut verrühren, mit einer Palette gleichmäßig auf die Torte streichen. Torte im vorgeheizten Rohr bei 250 Grad Oberhitze goldbraun überbacken. Torte aus dem Rohr nehmen, abkühlen lassen und ca. ¼ Stunde kaltstellen.

Torte mit einem Messer vom Rand des Tortenreifens lösen und Tortenreifen abheben. Mandeln reiben. Ribiselmarmelade eventuell auf streichfähige Konsistenz erwärmen. Torte auf der Seite mit Ribiselmarmelade einstreichen und mit Mandeln einstreuen (siehe Illustration, Seite 31).

Weincremetorte

Zutaten für 1 Torte mit
24 cm Durchmesser

Für den Tortenboden*
4 Eier
120 g Kristallzucker
1 TL Vanillezucker
Salz
½ Zitrone
70 g glattes Mehl
60 g Weizenstärke
60 g Butter

Für die Weincreme
*⅛ l Weißwein**
90 g Kristallzucker
4 Eidotter
5 Blatt Gelatine
½ Zitrone
Saft von 1 Zitrone
1 TL Vanillezucker
400 g Schlagobers

Für die Dekoration
350 g Schlagobers
2 TL Staubzucker
Weiße Trauben

Evtl. Butter
Evtl. Mehl
Kristallzucker

**Für diese Torte braucht man nicht die ganze Masse, doch gelingt das Biskuit besser, wenn man ein größeres Quantum zubereitet. Der Rest läßt sich, in Klarsichtfolie gewickelt, gut einfrieren und hält mehrere Wochen. Die Creme schmeckt am besten, wenn man Wein der Sorten Weißburgunder oder Veltliner verwendet.*

Für den Biskuitboden Zitrone waschen und die Schale fein abreiben. Mehl und Weizenpuder versieben. Eier in Dotter und Klar trennen. Dotter, 2 EL Kristallzucker, Vanillezucker, eine Prise Salz und Zitronenschale schaumig rühren. Eiklar mit restlichem Zucker zu Schnee schlagen. ⅓ vom Schnee mit der Dottermasse gut verrühren. Restlichen Schnee und Mehlmischung behutsam unterheben. Butter schmelzen, die heiße Butter vorsichtig untermengen.
Einen Tortenreifen mit Papier oder Alufolie eindrehen (siehe Illustration, Seite 12) bzw. eine Tortenform von 24 cm Durchmesser mit Butter ausstreichen und mit Mehl ausstreuen. Masse einfüllen und im vorgeheizten Rohr bei 180 Grad 35—40 Minuten backen. Torte mit Kristallzucker bestreuen, umdrehen und auskühlen lassen.

Für die Weincreme Gelatine in kaltem Wasser einweichen. Schlagobers zu cremiger Konsistenz aufschlagen und kaltstellen. Zitrone waschen, Schale fein abreiben, Saft auspressen. Weißwein, Kristallzucker, Eidotter, Zitronenschale, Vanillezucker und Zitronensaft in einer Schüssel verrühren und in einem Schneekessel über Wasserdampf aufschlagen. Gelatine gut ausdrücken, in die Creme rühren und auflösen. Schneekessel vom Dampf nehmen und Creme weiterschlagen, bis sie gut abgekühlt ist („kaltschlagen"). ⅓ vom Schlagobers mit der Creme gut verrühren. Restliches Schlagobers unterziehen.

Biskuit in der Mitte horizontal durchschneiden. Von den beiden Tortenböden wird für die Weincreme-Torte nur einer gebraucht, den zweiten in Klarsichtfolie wickeln und einfrieren. Tortenboden mit einem Tortenreifen umstellen. Weincreme auf den Boden in den Tortenreifen füllen und glattstreichen. Mit Klarsichtfolie abdecken und ca. 2 Stunden im Kühlschrank fest werden lassen.

Schlagobers mit 2 TL Staubzucker steif schlagen. Torte aus dem Kühlschrank nehmen, mit einem Messer vom Rand des Tortenreifens lösen und Tortenreifen abheben.
Torte mit ⅔ vom Schlagobers einstreichen. Restliches Schlagobers in einen Spritzsack füllen, Torte verzieren. Mit Weintrauben dekorieren.

Grillagetorte

Zutaten für 1 Torte mit
24 cm Durchmesser

Für die Grillagemasse
6 Eier
140 g Kristallzucker
60 g Walnüsse
1 TL Vanillezucker
Salz
Zimt
1 EL Wasser
100 g glattes Mehl
Grillagebrösel (Zutaten wie im Rezept auf Seite 74, jedoch nur ½ Menge; man braucht 120 g)
30 g Öl

Für die Fülle
Buttercreme (Zutaten wie im Rezept auf Seite 171, jedoch nur ½ Menge)
4 cl (2–3 EL) Weinbrand

Evtl. Butter
Evtl. Mehl
*Ca. 300 g Schokolade**
Kokosfett
1 Pkg. Knusperreis (Rice Krispies)
100 g Milchschokolade

**Am besten Couvertüre, ersatzweise Schokolade-Fettglasur (siehe auch Fußnote, Seite 62).*

Zuerst die Grillagebrösel wie im Rezept auf Seite 74 beschrieben zubereiten. Walnüsse fein reiben. Mehl, Nüsse und Grillagebrösel vermischen. Eier in Dotter und Klar trennen. Dotter, ⅓ vom Zucker, Salz, 1 MS Zimt, Wasser und Vanillezucker schaumig rühren. Klar und restlichen Zucker zu Schnee schlagen. ⅓ vom Schnee mit der Dottermasse gut verrühren. Restlichen Schnee und Mehl-Nuß-Mischung behutsam unterheben. Öl einrühren. Einen Tortenreifen mit Papier oder Alufolie eindrehen (siehe Illustration, Seite 12) bzw. eine Tortenform von 24 cm Durchmesser mit Butter ausstreichen und mit Mehl ausstreuen. Masse einfüllen und im vorgeheizten Rohr bei 170 Grad ca. 55 Minuten backen. Torte auskühlen lassen. Inzwischen die Buttercreme wie im Rezept auf Seite 171 beschrieben zubereiten. Buttercreme mit Weinbrand glattrühren.

Tortenboden aus dem Reifen schneiden oder aus der Tortenform lösen, mit einem Sägemesser zweimal horizontal durchschneiden. Einen Nußboden mit einem Tortenreifen oder dem Ring der Tortenform umstellen. ⅓ der Creme auf dem Tortenboden glattstreichen. Einen zweiten Boden auf die Creme setzen und leicht andrücken. Mit ⅓ der Creme bestreichen. Den letzten Boden daraufsetzen und andrücken. Torte mit einem nicht zu schweren, glatten Gegenstand kurz pressen. Torte mit einem Messer vom Rand des Tortenreifens lösen und Tortenreifen abheben. Torte mit der restlichen Creme einstreichen und ca. ½ Stunde im Kühlschrank fest werden lassen.

Für die Glasur die Couvertüre oder Fettglasur wie im Rezept auf Seite 62 beschrieben vorbereiten. Torte mit Schokoladeglasur überziehen und Glasur anziehen lassen. Portionsstücke auf der Tortenoberfläche markieren. Für die Dekoration Milchschokolade über Wasserdampf schmelzen, etwas Kokosfett zugeben. Knusperreis in eine Schüssel geben. Mit so viel Schokolade begießen, daß er gerade bindet. Aus der Masse kleine Häufchen ausstechen, auf eine Folie setzen und fest werden lassen. Auf jedes Tortenstück ein Häufchen Knusperreis setzen.

Müslitorte

Zutaten für 1 Torte mit
24 cm Durchmesser

Für den Tortenboden*

160 g Butter
½ TL Vanillezucker
Salz
Zimt
8 Eier
180 g Walnüsse
120 g Semmel- oder Biskottenbrösel
160 g Kristallzucker

Für die Müslicreme

⅛ l Joghurt
160 g Müslimischung (5-Korn-Müsli)
Saft von 1 Orange
½ Apfel
3—4 EL Honig
4 Blatt Gelatine
150 g Schlagobers

Für die Dekoration

350 g Schlagobers
2 Kiwis
1 EL gehobelte Mandeln

Evtl. Butter
Evtl. Mehl

**Für diese Torte braucht man nur die halbe Menge, doch der Nußboden gelingt besser, wenn man gleich mehr zubereitet. Der Rest läßt sich, in Klarsichtfolie gewickelt, gut einfrieren und hält mehrere Wochen.*

Für den Nußboden Eier in Dotter und Klar trennen. Butter bei Zimmertemperatur weich werden lassen, mit Vanillezucker, einer Prise Salz und 1 MS Zimt cremig rühren. Dotter nach und nach zugeben. Brösel einrühren. Eiklar mit Kristallzucker zu schmierigem Schnee schlagen, ⅓ vom Schnee mit dem Schneebesen fest in die Butter-Dotter-Masse einrühren. Walnüsse fein reiben. Restlichen Schnee gemeinsam mit den Walnüssen locker unterheben (so erreicht man eine gleichmäßige, lockere Mischung).

Einen Tortenreifen mit Papier oder Alufolie eindrehen (siehe Illustration, Seite 12) bzw. eine Tortenform von 24 cm Durchmesser mit Butter ausstreichen und mit Mehl ausstreuen. Masse einfüllen, zum Rand hochstreichen (siehe Illustration, Seite 12) und im vorgeheizten Rohr bei ca. 160 Grad 1 Stunde backen. Masse auskühlen lassen und aus dem Reifen schneiden bzw. aus der Tortenform lösen. Tortenboden mit einem Sägemesser horizontal durchschneiden (für die Torte wird nur eine Hälfte benötigt; Rest einfrieren).

Für die Müslicreme Gelatine in kaltem Wasser einweichen. Apfel waschen, schälen, vierteln, Kerngehäuse ausschneiden, Apfel blättrig schneiden. Joghurt, Saft einer kleinen Orange, Müsli, Honig und Apfel vermischen und ca. 10 Minuten ziehen lassen. Schlagobers zu cremiger Konsistenz aufschlagen.
Gelatine gut ausdrücken und am besten über Wasserdampf auflösen. ¼ von der Müslicreme in die Gelatine einrühren, restliche Creme zugeben und nochmals kräftig durchrühren. Schlagobers unterziehen.

Nußboden mit einem Tortenreifen oder dem Ring der Tortenform umstellen. Die Müslicreme einfüllen und glattstreichen. Mit Folie abdecken und 3—4 Stunden im Kühlschrank kaltstellen.

Für die Dekoration Mandeln im Rohr leicht rösten, vom Blech schieben und auskühlen lassen. Kiwis schälen und in Scheiben schneiden. Schlagobers steif schlagen.

(Weiter auf Seite 48)

(Fortsetzung von Seite 46)

Torte mit einem Messer vom Rand des Tortenreifens lösen und Tortenreifen abheben. Torte mit Schlagobers einstreichen. Mit einem Messer 12 Stücke markieren, auf jedes Stück eine Kiwischeibe setzen. Die Mitte der Torte mit Mandeln bestreuen.

Tip: Damit sich die Torte leichter auf den Teller heben läßt, kann man sie zusätzlich auf einen Mürbteigboden setzen: 25 g Staubzucker mit 50 g Butter, 75 g glattem Mehl und ½ Eidotter vermengen und wenig verkneten. Teig rasten lassen, ausrollen, auf ein befettetes und bemehltes Backblech legen, mit einer Gabel mehrfach einstechen und im Rohr bei 200 Grad goldbraun backen. Vor dem Aufsetzen des Nußbodens mit Ribisel- oder Marillenmarmelade bestreichen.

Gerührte Linzertorte

Zutaten für 1 Torte mit
24 cm Durchmesser

---

180 g Butter
180 g Staubzucker
2 TL Weizenpuder oder Stärkemehl
3 Eier
2 TL Vanillezucker
Salz
Zimt
½ MS Nelkenpulver
½ Zitrone
1 TL Backpulver
150 g glattes Mehl
300 g Walnüsse
100 g Biskuit-, Semmelbrösel oder geriebene Biskotten
⅛ l Milch
2–3 EL Weinbrand oder Rum

---

1 Backoblate
125 g Ribiselmarmelade
30 g gehobelte, geschälte Mandeln oder Haselnüsse
Staubzucker
Evtl. Butter
Evtl. Mehl

Butter bei Zimmertemperatur weich werden lassen. Zitrone waschen, Schale fein abreiben. Milch, Weinbrand und Eier gut verrühren. Mehl und Backpulver versieben. Walnüsse fein reiben. Brösel und Walnüsse vermengen.
Butter, Staubzucker, Weizenpuder, Zitronenschale, Vanillezucker, eine Prise Salz, 1 MS Zimt und Nelkenpulver cremig rühren. Eiermasse, Mehl und Brösel-Nuß-Mischung abwechselnd unter die Buttermasse heben.

Einen Tortenreifen mit Papier oder Alufolie eindrehen (siehe Illustration, Seite 12) bzw. eine Tortenform von 24 cm Durchmesser mit Butter ausstreichen und mit Mehl ausstreuen. ⅔ der Masse einfüllen und glattstreichen. Backoblate mit einer Schere 2 cm kleiner als die Form zuschneiden, auf die Masse legen. Ribiselmarmelade gleichmäßig auf der Oblate verstreichen.

Restliche Tortenmasse in einen Spritzsack füllen und als Gitter auf die Marmelade dressieren. Den Rand mit der Masse ausspritzen. Torte mit Mandeln bestreuen und im vorgeheizten Rohr bei 160 Grad ca. 1 Stunde backen. Auskühlen lassen.
Torte aus dem Reifen schneiden bzw. aus der Form lösen. Rand leicht anzuckern.

Tip: Torte mit Folie abdecken und vor dem Servieren 2–3 Tage im Kühlschrank lagern – dann schmeckt sie am besten.

Punschtorte

Zutaten für 1 Torte mit 24 cm Durchmesser

6 Eier
1 TL Vanillezucker
Salz
½ Zitrone
180 g Kristallzucker
100 g glattes Mehl
90 g Weizenstärke
75 g Butter oder Butterschmalz

Für den Punsch

120 g Kristallzucker
½ Orange
80 g Wasser
Saft von 1 Orange
4 cl (2—3 EL) Rum
2 EL Marillenmarmelade

Evtl. Butter
Evtl. Mehl
1 Schuß Cherry Brandy
*150 g Fondant**
Ca. 250 g Marillenmarmelade
60 g Haselnüsse

**Fondant ist eine konzentrierte Zuckerlösung zum Glacieren von Mehlspeisen und im Lebensmittelhandel erhältlich.*

Biskuitböden für die Punschtorte schon am Vortag zubereiten: Zitrone waschen und die Schale fein abreiben. Mehl und Weizenpuder versieben. Eier in Dotter und Klar trennen. Dotter, 2 EL Kristallzucker und Zitronenschale schaumig rühren. Eiklar mit restlichem Zucker zu Schnee schlagen. ⅓ vom Schnee mit der Dottermasse gut verrühren. Restlichen Schnee und Mehl behutsam unterheben. Butter schmelzen und noch heiß behutsam untermengen.

Zwei Tortenreifen mit Papier oder Alufolie eindrehen (siehe Illustration, Seite 12) bzw. zwei Tortenformen mit 24 cm Durchmesser mit Butter ausstreichen und mit Mehl ausstreuen. Jeweils die Hälfte der Masse in eine Form füllen, im vorgeheizten Rohr bei 180 Grad ca. ½ Stunde backen und auskühlen lassen.

Für die Punscheinlage eine Hälfte vom Biskuit in Würfel mit ca. 1½ cm Kantenlänge schneiden, mit Rum beträufeln und ziehen lassen.
Orange waschen, Schale fein abreiben. Wasser, Zucker, Orangenschale und Orangensaft aufkochen und mit 2 EL Marillenmarmelade verrühren. Biskuitwürfel untermischen und mit der Flüssigkeit verrühren (die Würfel sollen sich vollsaugen, dabei aber möglichst ganz bleiben).

Den zweiten Biskuitfleck in der Mitte horizontal durchschneiden. Beide Schnittflächen mit Marillenmarmelade bestreichen. Einen der beiden Böden mit einem Tortenreifen umstellen.

Punschfülle auf den Biskuitboden in den Tortenreifen füllen und mit den Fingern am Rand ein wenig festdrücken. Den zweiten Boden mit der bestrichenen Seite nach unten auf die Fülle setzen und etwas andrücken. Torte mit einem flachen Gegenstand beschweren und 2—3 Stunden kaltstellen.
Restliche Marillenmarmelade bis auf ca. 2 EL aufkochen. Torte aus dem Kühlschrank nehmen, mit einem Messer vom Rand des Tortenreifens lösen und Tortenreifen abheben. Tortenoberfläche mit heißer Marillenmarmelade bestreichen.

Backrohr auf ca. 140° vorheizen. Fondant mit Cherry Brandy oder roter Lebensmittelfarbe glattrühren und dadurch zart rosa färben. Fondant über Wasserdampf erwärmen, auf die Torte gießen, mit einer Palette rasch und möglichst glatt verstreichen. Torte sofort nach dem Glacieren für 5 Sekunden ins heiße Rohr schieben; dadurch erhält die Glasur besonders schönen Glanz.
Haselnüsse fein reiben. Torte auf der Seite mit kalter Marillenmarmelade einstreichen, mit Haselnüssen einstreuen (siehe Illustration, Seite 31).

Tip: Man kann die Torte auch mit Wasserglasur bestreichen: Staubzucker mit Wasser und etwas Rum zu dickflüssiger Konsistenz verrühren, erwärmen und zum Glacieren verwenden.

Törtchen, Krapfen, Kipferln, Kolatschen

Das klassische Frühstücks- und Jausengebäck wird in Österreich aus verschiedensten Teigen zubereitet, wobei es sich nicht bei allen Teigen lohnt, diese auch wirklich selbst zu machen. Blätterteig und Strudelteig haben oft nur die Funktion, eine Fülle zusammenzuhalten und treten als Geschmacksträger nicht so sehr in den Vordergrund. Man kann also in diesen Fällen durchaus fertig gekaufte Teige verarbeiten, vor allem auch, weil die Zubereitung eine eher schwierige und zeitraubende Angelegenheit ist.
Beim Plunderteig hingegen sollte man sich die Arbeit wohl antun — Plunder wird nur mäßig gefüllt und dekoriert, der Teig sollte optimal schmecken.

Für die Zubereitung von gutem Germteig ist vor allem frische Germ vonnöten. Die Germ sollte weich und duftend und ohne Risse sein. Man kann sie nicht auf Vorrat kaufen, und wer auf optimale Frische wert legt, besorgt sich die Germ beim Bäcker. Germ warm, aber niemals heiß behandeln (die Zellen vertragen nicht mehr als 40 Grad) und nie direkt mit Salz oder flüssiger Butter zusammenbringen (durch Salz sterben die Zellen ab, die Butter isoliert sie und verhindert so das Aufgehen des Backwerkes).
Zu viel Germ ist übrigens auch nicht gut, der Teig wird grobporig, und die Germ schmeckt vor.

Topfenkolatschen

Zutaten für 20 Stück

Für den Plunderteig
Zutaten wie im Rezept auf Seite 167

Für die Topfenfülle
½ kg Topfen (10 % Fettgehalt)
120 g Staubzucker
60 g Butter
1 Ei
2 TL Weizenpuder oder Stärkemehl
1 TL Vanillezucker
Salz
½ Zitrone

---

1 Ei
Staubzucker

Plunderteig wie auf Seite 167 beschrieben zubereiten. Für die Fülle Butter schmelzen. Topfen mit einer Teigkarte durch ein Passiersieb streichen. Zitrone waschen, Schale fein abreiben. Topfen, Staubzucker, Butter, Ei, Weizenpuder, Vanillezucker, eine Prise Salz und Zitronenschale glattrühren.

Teig ca. 2½ mm dick ausrollen. Aus dem Teig Quadrate von 12 cm Kantenlänge schneiden. Ei verquirlen. Teigränder mit Ei bestreichen. Topfenfülle in kleinen Häufchen in die Mitte der Teigstücke setzen. Die Ecken der Quadrate zur Mitte ziehen, über der Fülle falten und festdrücken. Aus den Teigresten kleine Quadrate schneiden und als Verschluß auf die Kolatschen setzen.
Kolatschen in großen Abständen auf ein Backblech legen, mit Klarsichtfolie abdecken und an einem warmen Ort (ca. 30 Grad) 20 Minuten aufgehen lassen.

Kolatschen im vorgeheizten Rohr bei 200 Grad ca. 5 Minuten anbacken, bei 180 Grad fertigbacken (dauert ca. ¼ Stunde).
Kolatschen abkühlen lassen, vom Blech lösen und mit Staubzucker bestreuen.

Nusskipferln

Zutaten für 20 Stück

Für den Plunderteig
Zutaten wie im Rezept auf Seite 167

Für die Nußfülle
⅛ l Milch
50 g Kristallzucker
180 g Walnüsse
70 g Biskotten oder Semmelbrösel
1 MS Zimt
2 TL Vanillezucker
4 EL Rum

1 Ei
Ca. 100 g Marillenmarmelade
*80 g Fondant**
Gehobelte Mandeln

**Fondant ist eine konzentrierte Zuckerlösung zum Glacieren von Mehlspeisen. Man bekommt ihn im Lebensmittelhandel.*

Plunderteig wie auf Seite 167 beschrieben zubereiten. Für die Fülle Zucker, Milch und Vanillezucker aufkochen. Walnüsse und Biskotten fein reiben, gemeinsam mit Zimt in die Milch rühren. Zum Schluß Rum einrühren. Masse auf ein Backblech streichen und auskühlen lassen.

Teig ca. 2 mm dick im Format 20 mal 100 cm ausrollen. Teig in Streifen und Dreiecke schneiden (siehe Illustration). Dreiecke an der Basis einschneiden.
Nußfülle am besten mit Hilfe eines Spritzsackes auf die Dreiecke auftragen. Ei verquirlen. Teigränder mit Ei bestreichen und Kipferln formen (siehe Illustration).

Kipferln in großen Abständen auf ein Backblech legen, mit Klarsichtfolie abdecken und an einem warmen Ort (ca. 30 Grad) 20 Minuten aufgehen lassen.
Kipferln im vorgeheizten Rohr bei 200 Grad ca. 5 Minuten anbacken, bei 180 Grad fertigbacken (dauert noch ca. ¼ Stunde).

Marmelade aufkochen. Fondant mit etwas Wasser verrühren, über Wasserdampf erwärmen. Kipferln zuerst mit heißer Marmelade, dann mit Fondant bestreichen (Fondant sollte zum Glacieren von Plundergebäck eine Temperatur von ca. 40 Grad haben und dünnflüssig sein; Fondant wenn nötig mit etwas Wasser verdünnen).
Mit Mandeln bestreuen. Nochmals kurz ins heiße Rohr schieben (dadurch trocknet die Zuckerlösung und entwickelt einen schönen Glanz). Kipferln vom Blech lösen.

Tip: Man kann das Plundergebäck auch mit Wasserglasur bestreichen: Staubzucker mit Wasser und etwas Rum zu dickflüssiger Konsistenz verrühren, erwärmen und Gebäck wie oben beschrieben glacieren.

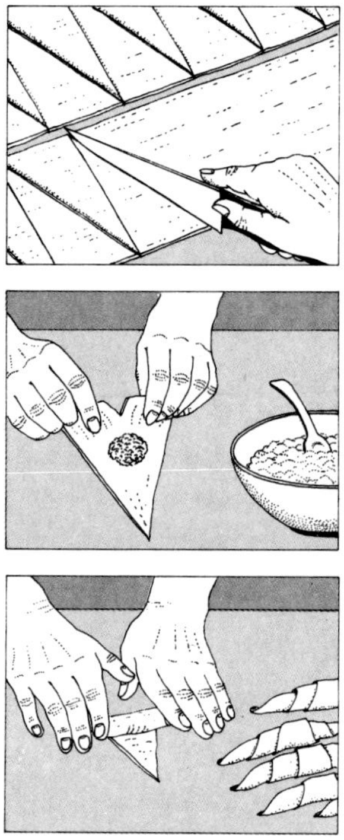

So wird der Teig für die Kipferln vorbereitet: Dreieck von der Basis herunterschneiden, Fülle in die Mitte setzen, Teig einrollen.

Mohnrollen

Zutaten für 30 Stück

Für den Plunderteig
Zutaten wie im Rezept auf Seite 167

Für die Fülle
¼l Milch
90g Kristallzucker
250g fein gemahlener Mohn
140g Biskotten
60g Rosinen
1 TL Vanillezucker
¼ Zitrone
1 MS Zimt

Ca. 100g Marillen-marmelade
*60g Fondant**

**Fondant ist eine konzentrierte Zuckerlösung zum Glacieren von Mehlspeisen und im Lebensmittelhandel erhältlich.*

Plunderteig wie auf Seite 167 beschrieben zubereiten. Für die Fülle Zitrone waschen, Schale fein abreiben. Rosinen heiß waschen und trockentupfen. Biskotten reiben. Zucker, Milch und Vanillezucker aufkochen. Mohn einrühren und aufkochen. Biskottenbrösel, Zitronenschale, Zimt und Rosinen untermengen. Masse gut verrühren, auf ein Backblech streichen und auskühlen lassen.

Teig ca. 2mm dick und 25 cm breit ausrollen. Fülle auf dem Teig verstreichen (Fülle eventuell mit etwas Wasser glattrühren). Teig fest einrollen und das Ende gut festdrücken. Von der Rolle ca. 80g schwere Stücke abschneiden. Diese Stücke in der Mitte einschneiden (nicht durchschneiden) und die beiden Hälften ein wenig auseinanderziehen (siehe Illustration).
Mohnrollen in großen Abständen auf ein Backblech legen, mit Klarsichtfolie abdecken und an einem warmen Ort (ca. 30 Grad) 20 Minuten gehen lassen. Im vorgeheizten Rohr bei 200 Grad ca. 5 Minuten anbacken, bei 180 Grad fertigbacken (dauert ca. 10 Minuten).

Marmelade aufkochen. Fondant mit etwas Wasser verrühren, über Wasserdampf erwärmen. Mohnrollen aus dem Rohr nehmen, zuerst mit Marmelade, dann mit Fondant bestreichen (Fondant sollte zum Glacieren von Plundergebäck eine Temperatur von ca. 40 Grad haben und dünnflüssig sein; Fondant wenn nötig mit etwas Wasser verdünnen).
Plundergebäck für 5 Sekunden ins heiße Rohr schieben (dadurch trocknet die Zuckerlösung und entwickelt einen schönen Glanz), vom Blech lösen.

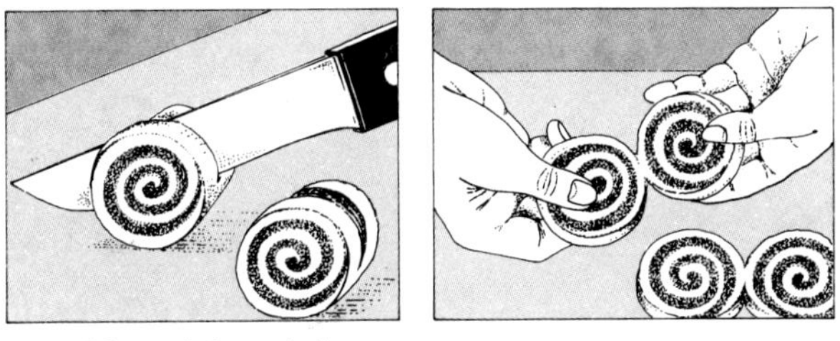

So wird die Roulade in Scheiben geschnitten und aufgefaltet.

Marillenplunder

Zutaten für 20 Stück

Für den Plunderteig
Zutaten wie im Rezept auf Seite 167

Für die Vanillecreme
Zutaten wie im Rezept auf Seite 171, jedoch nur 200 g der Menge

Ca. 20 Kompottmarillen
1 Ei
Ca. 100 g Marillenmarmelade
*60 g Fondant**

**Fondant ist eine konzentrierte Zuckerlösung zum Glacieren von Mehlspeisen und im Lebensmittelhandel erhältlich.*

Plunderteig und Vanillecreme wie in den Rezepten auf Seite 167 und Seite 171 beschrieben zubereiten.

Teig ca. 2½ mm dick ausrollen. Aus dem Teig Quadrate von 12 cm Kantenlänge schneiden. Ei verquirlen. Teigränder mit Ei bestreichen. Vanillecreme in einen Spritzsack füllen und auf die Mitte der Teigstücke spritzen. Zwei Ecken der Quadrate überlappend zur Mitte ziehen und festdrücken. Marillen abtropfen lassen. Je eine halbe Marille in die Öffnungen der Teigtaschen setzen.

Plunder in großen Abständen auf ein Backblech legen, mit Klarsichtfolie abdecken und an einem warmen Ort (ca. 30 Grad) 20 Minuten aufgehen lassen.
Im vorgeheizten Rohr bei 200 Grad ca. 5 Minuten anbacken, bei 180 Grad fertigbacken (dauert ca. ¼ Stunde).
Marmelade aufkochen. Fondant mit etwas Wasser verrühren, über Wasserdampf erwärmen. Marillenplunder aus dem Rohr nehmen, zuerst mit Marmelade, dann mit Fondant bestreichen (Fondant sollte zum Glacieren von Plundergebäck eine Temperatur von ca. 40 Grad haben und dünnflüssig sein; Fondant wenn nötig mit etwas Wasser verdünnen).
Plundergebäck für 5 Sekunden ins heiße Rohr schieben (dadurch trocknet die Zuckerlösung und entwickelt einen schönen Glanz), vom Blech lösen.

Tip: Man kann das Plundergebäck auch mit Wasserglasur bestreichen: Staubzucker mit Wasser und etwas Rum zu dickflüssiger Konsistenz verrühren, erwärmen und zum Glacieren verwenden.

Powidlplunder

Zutaten für 20 Stück

Für den Plunderteig
Zutaten wie im Rezept auf Seite 167

400g Powidl
1 Ei
Ca. 100g Marillenmarmelade
*60g Fondant**

**Fondant ist eine konzentrierte Zuckerlösung zum Glacieren von Mehlspeisen und im Lebensmittelhandel erhältlich.*

Plunderteig wie im Rezept auf Seite 167 beschrieben zubereiten und ca. 2mm dick ausrollen. Aus dem Teig Quadrate von 12cm Kantenlänge schneiden. Ei verquirlen. Teigränder mit Ei bestreichen. Powidl in kleinen Häufchen (ca. 20g) in die Mitte der Teigstücke setzen. Teig über der Fülle zu einem Dreieck falten. Ränder festdrücken. Teigstücke in großen Abständen auf ein Backblech legen, mit Klarsichtfolie abdecken und an einem warmen Ort (ca. 30 Grad) 20 Minuten aufgehen lassen.

Powidlplunder im vorgeheizten Rohr bei 200 Grad ca. 5 Minuten anbacken, bei 180 Grad fertigbacken (dauert ca. ¼ Stunde).
Marmelade aufkochen. Fondant mit etwas Wasser verrühren, über Wasserdampf erwärmen. Powidlplunder aus dem Rohr nehmen, zuerst mit Marmelade, dann mit Fondant bestreichen (Fondant sollte zum Glacieren von Plundergebäck eine Temperatur von ca. 40 Grad haben und dünnflüssig sein; Fondant wenn nötig mit etwas Wasser verdünnen).
Plundergebäck für 5 Sekunden ins heiße Rohr schieben (dadurch trocknet die Zuckerlösung und entwickelt einen schönen Glanz), vom Blech lösen.

Tip: Man kann das Plundergebäck auch mit Wasserglasur bestreichen: Staubzucker mit Wasser und etwas Rum zu dickflüssiger Konsistenz verrühren, erwärmen und zum Glacieren verwenden.

APFELTASCHERLN

Zutaten für 20 Stück

Für den Plunderteig
Zutaten wie im Rezept auf Seite 167

Für die Fülle
*600 g Äpfel**
1/16 l Wasser
90 g Kristallzucker
Saft von 1/2 Zitrone
50 g Rosinen
1/2 Stange Zimt

1 Ei
Ca. 100 g Marillen-marmelade
*60 g Fondant**

**Fondant ist eine konzentrierte Zuckerlösung zum Glacieren von Mehlspeisen. Für die Fülle wählt man am besten Äpfel der Sorte Golden Delicious.*

Plunderteig wie auf Seite 167 beschrieben zubereiten. Für die Fülle Äpfel waschen, schälen, entkernen und blättrig schneiden. Äpfel mit Zucker, Wasser, Zimt und Zitronensaft unter ständigem Rühren weichdünsten, aus dem Saft heben und abtropfen lassen. Rosinen heiß waschen und unter die Apfelspalten mischen. Zimtstange entfernen.

Teig ca. 2 mm dick ausrollen. Aus dem Teig Quadrate von 12 cm Kantenlänge schneiden. Ei verquirlen. Teigränder mit Ei bestreichen. Apfelfülle in kleinen Häufchen auf die Teigstücke setzen. Die Ecken der Quadrate zur Mitte ziehen, über der Fülle falten und festdrücken.
Tascherln in großen Abständen auf ein Backblech legen, mit Klarsichtfolie abdecken und an einem warmen Ort (ca. 30 Grad) 20 Minuten aufgehen lassen.

Tascherln im vorgeheizten Rohr bei 200 Grad ca. 5 Minuten anbacken, bei 180 Grad fertigbacken (dauert ca. 1/4 Stunde). Marmelade aufkochen. Fondant mit etwas Wasser verrühren, über Wasserdampf erwärmen. Tascherln aus dem Rohr nehmen, zuerst mit Marmelade, dann mit Fondant bestreichen (Fondant sollte zum Glacieren von Plundergebäck eine Temperatur von ca. 40 Grad haben und dünnflüssig sein; Fondant wenn nötig mit etwas Wasser verdünnen).
Plundergebäck für 2—3 Sekunden ins heiße Rohr schieben (dadurch trocknet die Zuckerlösung und entwickelt einen schönen Glanz), vom Blech lösen.

Tip: Man kann das Plundergebäck auch mit Wasserglasur bestreichen: Staubzucker mit Wasser und etwas Rum zu dickflüssiger Konsistenz verrühren, erwärmen und zum Glacieren verwenden.

Brandteigkrapfen

Zutaten für 10 Krapfen

Für den Brandteig
80g Butter
⅛l Wasser
Salz
80g glattes Mehl
3 Eier

Für das Vanilleobers
Zutaten wie im Rezept auf Seite 120

1 Ei
Staubzucker

Wasser, Butter und eine Prise Salz aufkochen. Mehl einrühren und solange verrühren, bis sich der Teig vom Geschirr löst. Geschirr vom Feuer nehmen, Eier und Dotter rasch in die heiße Masse rühren, sodaß sie glatt und streichfähig wird.
Ein Backblech mit Backtrennpapier auslegen. Teig in einen Spritzsack füllen und durch eine große Sterntülle Rosetten von 4cm Durchmesser auf das Blech dressieren. 1 Ei verquirlen. Rosetten mit Ei bestreichen und im vorgeheizten Rohr bei 200 Grad ca. 5 Minuten anbacken. Krapfen bei 180 Grad fertigbacken (dauert ca. 10 Minuten); während der ersten 10 Minuten Backzeit das Rohr nicht öffnen!

Brandteigkrapfen auskühlen lassen. Inzwischen das Vanilleobers wie im Rezept auf Seite 120 beschrieben zubereiten. Die Krapfen in der Mitte horizontal durchschneiden. Creme in einen Spritzsack füllen, auf die Krapfenböden dressieren und etwas anziehen lassen. „Deckel" auf die Creme setzen. Krapfen mit Staubzucker bestreut servieren.

Tip: Brandteigkrapfen schmecken auch mit einer Fülle von frischen Früchten vorzüglich: z.B. Erdbeeren waschen und abtropfen lassen. Je 1 EL Erdbeeren auf die Krapfenunterteile setzen. Vanilleobers auf die Früchte dressieren. „Deckel" daraufsetzen.

Indianer

Zutaten für 12 Portionen

6 Eier
1 TL Wasser
80g Kristallzucker
50g glattes Mehl
80g Weizenpuder oder Stärkemehl

Für die Glasur
*150g Fondant**
Ca. 80g Schokolade
Kakao

Mehl
Ca. 150g Marillenmarmelade
Ca. ½l Schlagobers
Staubzucker

**Fondant ist eine konzentrierte Zuckerlösung zum Glacieren von Mehlspeisen und im Lebensmittelhandel erhältlich.*

Eier in Dotter und Klar trennen. 5 Eidotter mit der Hälfte vom Weizenpuder und 2 TL Wasser glattrühren. Restliches Weizenpuder und Mehl versieben. 6 Eiklar mit Kristallzucker zu Schnee schlagen. ⅓ vom Schnee mit der Dottermasse gut verrühren. Restlichen Schnee und Mehlmischung behutsam unterheben.

Ein Backblech mit Backtrennpapier belegen. Masse in einen Spritzsack füllen und rasch durch eine große Lochtülle in Form von Krapfen (ca. 5 cm Durchmesser) auf das Backblech dressieren. Mit Mehl leicht bestreuen und im vorgeheizten Rohr bei 200 Grad ca. 10 Minuten anbacken; während der Backzeit einen Kochlöffel zwischen Backrohrtür und Rahmen einklemmen, sodaß die Tür einen Spalt offen steht. Krapfen bei 180 Grad fertigbacken (dauert ca. 10 Minuten).

Krapfen auskühlen lassen, vom Papier lösen und mit einem spitzen Messer etwas aushöhlen. Die Hälfte der Krapfen unten glattschneiden, damit sie gut stehen (das werden die Unterteile der Indianer).
Marillenmarmelade aufkochen. Oberteile in die Marmelade tunken.
Fondant mit etwas Wasser verrühren, über Wasserdampf erwärmen. Schokolade über Wasserdampf schmelzen. Fondant mit Schokolade und etwas Kakao dunkel einfärben und eventuell mit Wasser verdünnen (der Fondant soll dickflüssig sein und eine Temperatur von ca. 36 Grad haben).
Oberteile der Indianer mit Fondant dünn überziehen, auf ein Gitter setzen und zum Trocknen 5 Sekunden ins warme Rohr schieben.

Schlagobers mit Staubzucker nach Geschmack steif schlagen. Die Krapfenunterteile in Dessertkapseln setzen. Schlagobers in einen Spritzsack füllen und durch eine Sterntülle spiralenförmig in die Unterteile dressieren. Oberteile auf das Schlagobers setzen.

Ischler Törtchen

Zutaten für 15 Törtchen mit 6 cm Durchmesser

Für den Mürbteig
100 g Staubzucker
200 g Butter
250 g glattes Mehl
100 g geschälte Mandeln oder Haselnüsse
1 TL Vanillezucker
½ Zitrone
1 Eidotter
Salz

Für die Creme
¼ l Schlagobers
*250 g Schokolade**
250 g Kirschenmarmelade

Für Glasur und Dekoration
*400 g Schokolade**
Ca. 15 Mandeln

**Als Schokolade für die Creme am besten Couvertüre, ersatzweise Bitter- oder Kochschokolade verwenden. Auch für die Glasur eignet sich temperierte Couvertüre am besten, ersatzweise kann man die im Handel erhältlichen Schokolade-Fettglasuren verwenden (Couvertüre ist vom Geschmack her eindeutig vorzuziehen, die Fett-Glasuren sind viel leichter zu verarbeiten).*

Mehl mit Butter, Vanillezucker, Staubzucker, geriebenen Mandeln, einer Prise Salz und geriebener Zitronenschale verkrümeln und mit dem Dotter rasch zu einem glatten Teig verkneten. Teig abdecken und ca. ½ Stunde kaltstellen.

Schokolade in kleine Stücke brechen. Schlagobers aufkochen, vom Feuer nehmen. Schokolade zugeben und verrühren, bis sie sich aufgelöst hat. Creme kaltstellen und fest werden lassen.
Mürbteig ca. 2 mm dick ausrollen. Aus dem Teig Blättchen von 6 cm Durchmesser ausstechen, auf ein Backblech setzen, mit einer Gabel mehrfach einstechen und bei ca. 200 Grad goldgelb backen. Scheiben vom Blech lösen und auskühlen lassen.

Creme glattrühren und in einen Spritzsack füllen. Auf die Hälfte der Mürbteigblätter einen Ring mit ca. 1 cm Durchmesser dressieren. In die Mitte Marmelade setzen. Fülle mit Mürbteig abdecken.

Für das Glacieren Schokolade-Fettglasur über Wasserdampf schmelzen bzw. die Couvertüre „temperieren": Couvertüre reiben, eine Hälfte davon über Wasserdampf schmelzen (keinesfalls wärmer als 40 Grad). Schokolade vom Wasserdampf nehmen, restliche geriebene Couvertüre nach und nach einrühren. So lange rühren, bis die Couvertüre merklich abgekühlt ist. Zur Probe ein Messer in die Schokolade tauchen — wird die Schokolade rasch fest, unter ständigem Rühren über Wasserdampf nochmals erwärmen, jedoch nur auf etwa 32 Grad (fühlt sich noch kühl an). Noch einmal ein kaltes Messer in die Schokolade tauchen — die Schokolade sollte rasch anziehen, jedoch den Glanz behalten. Braucht es fünf Minuten oder mehr, bis die Glasur an Festigkeit gewinnt und wird die Oberfläche grau, muß die Schokolade nochmals unter ständigem Rühren abgekühlt und auf 32 Grad erwärmt werden. Man kann sich diese Prozedur des Temperierens ersparen, wenn man aufgelöste Couvertüre und aufgelöste Fett-Glasur im Verhältnis 1:1 mischt. Törtchen in die Glasur tauchen. Auf jedes Törtchen eine Mandel setzen.

Maronitörtchen

Zutaten für 12 Törtchen

Für den Schokoladefleck
4 Eier
100g Kristallzucker
60g glattes Mehl
20g Kakao

Für die Maronicreme
*180g Maronipüree**
50g Staubzucker
2 EL Rum
4 Blatt Gelatine
400g Schlagobers

Für die Dekoration
*350g Maronipüree**
Schokolade

150g Ribiselmarmelade

**Maronipüree ist auch unter der Bezeichnung „Maronireis" im Lebensmittelhandel erhältlich. Man kann es auch selbst herstellen: Maroni oben kreuzförmig einschneiden, weichkochen, schälen und am besten mit einer Teigkarte durch ein Sieb drücken.*

Eier in Dotter und Klar trennen. Dotter und ⅓ vom Kristallzucker cremig rühren. Eiklar mit restlichem Zucker zu Schnee schlagen. Mehl und Kakao versieben. Schnee und Dottermasse verrühren, Mehlmischung unterziehen.

Ein Backblech mit Backtrennpapier belegen. Masse ca. 1 cm dick auf das Blech streichen und im vorgeheizten Rohr bei 220 Grad 12 Minuten backen. Den Fleck mit reichlich Kristallzucker bestreuen, mit Backtrennpapier abdecken, umdrehen, sodaß er auf der angezuckerten Seite liegt und auskühlen lassen.
Backtrennpapier vom Biskuit abziehen, Biskuit mit Marmelade bestreichen. Mit ca. 3 cm hohen Plastikringen Scheiben von 7 cm Durchmesser ausstechen, Biskuit in den Ringen belassen.

Für die Creme Gelatine in kaltem Wasser einweichen. Maronipüree mit Staubzucker und Rum glattrühren. Bei Verwendung von tiefgekühltem Maronipüree dieses über Wasserdampf auf Zimmertemperatur erwärmen. Schlagobers zu cremiger Konsistenz aufschlagen. Gelatine gut ausdrücken und am besten über Wasserdampf auflösen. Gelatine mit der Maronimasse gut verrühren. Schlagobers unterziehen. Creme in einen Spritzsack füllen und auf die Törtchenböden spritzen. Creme glattstreichen, mit Folie abdecken und kaltstellen, bis sie anzieht (dauert ca. 2 Stunden).

Für die Dekoration Maronipüree durch eine Kartoffelpresse ca. 3 mm hoch auf ein Backblech drücken. Scheiben von 7 cm Durchmesser ausstechen.
Törtchen aus dem Kühlschrank nehmen, aus den Ringen lösen. Auf jedes Törtchen 1 Scheibe Maronipüree setzen.

Als Dekoration Schokoladeröllchen aufsetzen (diese mit einem kleinen, runden Ausstecher vom Schokoladeblock

(Umseitig weiter)

(Fortsetzung von Seite 63)

abziehen) oder Schokoladetaler zubereiten: Schokolade über Wasserdampf schmelzen (soll dabei nicht wärmer als ca. 36 Grad werden), in eine Spritztüte füllen (siehe Illustration) und in Tupfen auf ein Stück Backtrennpapier dressieren. Schokoladetupfen kaltstellen, mit einer Palette vom Papier lösen und auf die Maronitörtchen setzen.

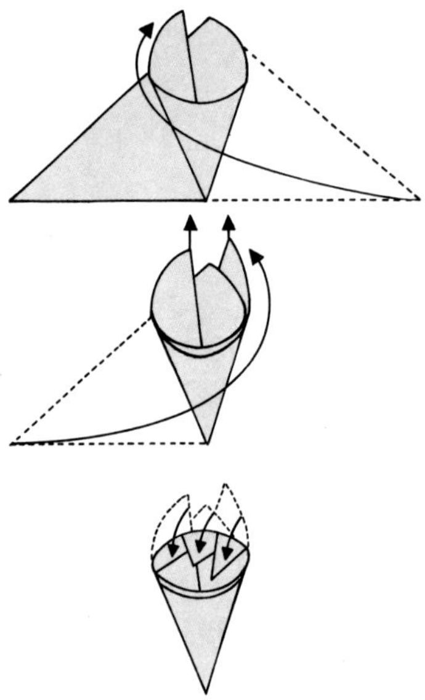

So wird 1 Blatt Pergamentpapier oder Backtrennpapier zur Spritztüte gefaltet: Creme oder geschmolzene Schokolade einfüllen und Spitze abschneiden.

Kleine Obsttörtchen

Zutaten für 12 Törtchen

Für den Mürbteig
Zutaten wie im Rezept auf Seite 78

Für die Creme
150 g Vanillecreme (Zutaten wie im Rezept auf Seite 171, jedoch nur ¼ der Menge)
3 Blatt Gelatine
2 TL Staubzucker
1 EL Rum
2 TL Vanillezucker
300 g Schlagobers

---

*100 g Schokolade**
Ca. 800 g Obst oder auch nur Erdbeeren
1 Pkg. Tortengelee

**Am besten Couvertüre, ersatzweise Bitter- oder Kochschokolade.*

Teig wie im Rezept auf Seite 78 beschrieben zubereiten, durchkneten und ca. 3 cm dick ausrollen. Aus dem Teig Scheiben ausstechen, die etwas größer als die für das Backen vorgesehenen tiefen, feuerfesten Schüsselchen sind. Formen mit Teig auslegen, Teig etwas andrücken und glattschneiden, wenn er über den Rand der Formen wegsteht. Mit einer Gabel mehrfach einstechen.
Teig im vorgeheizten Rohr bei 200 Grad ca. ½ Stunde goldgelb backen und ca. 10 Minuten abkühlen lassen. Danach erst den Teig aus den Formen lösen und auskühlen lassen.

Vanillecreme wie im Rezept auf Seite 171 beschrieben zubereiten.
Schokolade über Wasserdampf schmelzen. Törtchen mit Schokolade auspinseln.
Für die Creme Gelatine in kaltem Wasser einweichen. Kalte Vanillecreme durch ein Sieb streichen und mit Staubzucker, Rum und Vanillezucker glattrühren. Schlagobers steif schlagen. Gelatine gut ausdrücken und am besten über Wasserdampf schmelzen. Gelatine mit etwas Vanillecreme gut verrühren. Restliche Creme und ⅓ vom Schlagobers einrühren. Restliches Schlagobers behutsam unterziehen.

Obst waschen, putzen und in passende Stücke oder Scheiben schneiden. Creme in einen Spritzsack füllen und in die Törtchenböden dressieren. Erdbeeren bzw. Früchte auf die Creme setzen.
Tortengelee nach Vorschrift auflösen, über die Törtchen träufeln und fest werden lassen.

Tip: Für diese Törtchen braucht man nicht die ganze Teigmenge, doch gelingt der Teig besser, wenn man ein größeres Quantum zubereitet. Der Rest läßt sich, in Klarsichtfolie gewickelt, gut einfrieren und hält mehrere Wochen.

Pariserspitz

Zutaten für ca. 25 Stück

Für den Mürbteig

Zutaten wie im Rezept auf Seite 78, jedoch nur ⅓ der Menge

Für die Parisercreme

300g Schlagobers
*300g Schokolade**
*80g Nußnougat**

Für die Glasur

*Ca. 300g Schokolade**

**Als Schokolade am besten Couvertüre verwenden. Für die Creme ersatzweise Bitter- oder Kochschokolade, für die Glasur die im Handel erhältliche Schokolade-Fettglasur verwenden (siehe auch Fußnote, Seite 62). Als Nougat am besten Pralinenmasse verwenden.*

Mürbteig wie im Rezept auf Seite 78 beschrieben zubereiten und ca. 3 mm dick ausrollen. Aus dem Teig Scheiben mit 3 cm Durchmesser ausstechen und auf ein Backblech setzen. Mit einer Gabel mehrfach einstechen und im vorgeheizten Rohr bei 200 Grad goldgelb backen. Auskühlen lassen.

Für die Parisercreme Schokolade in kleine Stücke schneiden. Schlagobers aufkochen, vom Feuer nehmen. Schokolade zugeben und verrühren, bis sie völlig aufgelöst ist.
Nußnougat zugeben und die Masse im Mixer oder mit dem Pürierstab ca. 1 Minute verrühren. Masse in ein flaches Gefäß gießen und anziehen lassen (die Masse soll dickflüssig, aber nicht ganz fest werden).
Schokoladecreme glattrühren, in einen Spritzsack füllen und durch eine Lochtülle mit ca. 12 mm Durchmesser auf die Mürbteigböden dressieren. Böden ca. ¼ Stunde kaltstellen.

Für die Glasur die Couvertüre oder Fettglasur wie im Rezept auf Seite 62 beschrieben vorbereiten.
Creme mit der Spitze nach unten in die Glasur tauchen, Pariserspitze auf ein Gitter setzen und die Glasur anziehen lassen. In Papierkapseln stellen.

Tip: Durch die Nougatmasse bekommen die Pariserspitze einen intensiveren Geschmack. Nußnougat ist in Spezialgeschäften für Konditorbedarf erhältlich. Man kann darauf aber auch verzichten.

Wiener Faschingskrapfen

Zutaten für ca. 12 Krapfen

---

300 g glattes Mehl
20 g Germ
60 g Butter
30 g Kristallzucker
3 Eidotter
Salz
½ EL Rum
½ Zitrone
Ca. ⅛ l Milch

Ca. 150 g Marillenmarmelade
*Ca. 600 g Backfett**
Staubzucker

**Am besten Kokosfett.*

Germ zerbröckeln und mit 3/16 l lauwarmer Milch und etwas Mehl zu einem Dampfel ansetzen: Milch mit der Germ gut verrühren (die Germ muß sich ganz auflösen). Germ-Milch-Mischung mit etwas Mehl zu einem Brei rühren. Germbrei mit Mehl bestreuen, warmstellen (höchstens bei 40 Grad) und aufgehen lassen, bis sich das Volumen verdoppelt hat und die Oberfläche grobe Risse zeigt.

Butter schmelzen. Zitrone waschen, Schale fein abreiben. Dotter, restliche Milch, Zucker, eine Prise Salz, Rum, Zitronenschale und Butter gut verrühren. Dampfel einrühren. Restliches Mehl nach und nach einrühren und einen glatten, aber festen Teig abschlagen. Teig abdecken und an einem warmen Ort ca. 20 Minuten aufgehen lassen.

Teig 1 cm dick ausrollen. Mehl abkehren. Aus der Hälfte des Teiges Scheiben von 6 cm Durchmesser ausstechen. Auf dem restlichen Teig mit dem selben Ausstecher Kreise markieren. Auf die markierten Stellen je ein Löffelchen Marillenmarmelade setzen. Die ausgestochenen Scheiben daraufsetzen und etwas andrücken. Krapfen mit dem Ausstecher glatt ausstechen, mit der Oberseite nach unten auf ein bemehltes Tuch legen, mit einem zweiten Tuch abdecken und an einem warmen Ort aufgehen lassen (sie sollten ca. ein Drittel größer werden).

Backfett auf ca. 160 Grad erhitzen (zur Probe am besten eine befeuchtete Gabelspitze in das Fett tauchen — beginnt es darauf mäßig zu zischen und zu spritzen, hat es gerade die richtige Temperatur). Krapfen mit der gewölbten Seite nach unten in das Fett legen, Geschirr zudecken und die Krapfen 3 Minuten anbacken. Krapfen umdrehen, wieder zudecken und in ca. 3 Minuten fertigbacken.
Krapfen mit einem Lochschöpfer aus dem Fett heben, auf einem Gitter abtropfen und abkühlen lassen. Mit Staubzucker bestreut servieren.

Nuss- oder Mohnbeugel

Zutaten für ca. 20 Stück

Für den Teig
Zutaten wie im Rezept auf Seite 106

Für die Nuß- oder Mohnfülle
Zutaten wie in den Rezepten auf Seite 172

Fett
2 Eidotter

Teig und Fülle wie in den Rezepten auf den Seiten 106 und 172 beschrieben zubereiten. Teig in 2 gleich große Teile schneiden. Aus den Teigstücken ca. 3 cm dicke Stangen formen, diese in je 10 Stücke schneiden und zu Kugeln rollen.
Fülle ebenfalls zu Kugeln formen. Teig oval ausrollen. Fülle aufsetzen, Teig einrollen und an den Seiten zusammendrücken, damit die Fülle beim Backen nicht austreten kann.

Beugeln formen (V-förmig oder in Form langgestreckter Kipferln; die Mitte muß dicker als die Enden sein). Ein Backblech mit Fett bestreichen. Beugel auf das Backblech setzen, mit Dotter bestreichen und kaltstellen, bis die Oberfläche wieder trocken ist. Beugel noch einmal mit Dotter bestreichen und trocknen lassen. Beugel im Rohr bei 180 Grad backen, bis sie goldgelb sind und an der Oberfläche grobe Risse zeigen (dauert ca. 20 Minuten).

Schokolade-Mandeltörtchen mit Himbeeren

Zutaten für 10 Stück

70 g Rohmarzipan
3 Eier
1 TL Vanillezucker
Salz
90 g Kristallzucker
100 g Biskotten- oder Semmelbrösel
120 g geröstete Haselnüsse
30 g Kakao

Zum Tränken der Masse

40 g Wasser
40 g Zucker
20 g Himbeerbrand

Für die Parisercreme

⅛ l Schlagobers
*120 g Schokolade**

Butter
Mehl
Haselnüsse
Ca. 600 g Himbeeren
1 Pkg. Tortengelee
Evtl. Pistazien

**Am besten Couvertüre, ersatzweise Bitter- oder Kochschokolade.*

Haselnüsse fein reiben und sieben. Eier in Dotter und Klar trennen. Kakao sieben, mit Haselnüssen und Bröseln vermischen. Rohmarzipan und Eidotter am besten mit dem Stabmixer glattrühren und mit Vanillezucker und einer Prise Salz schaumig rühren.
Eiklar mit 45 g Zucker zu schmierigem Schnee schlagen, restlichen Zucker zugeben und weiterschlagen, bis sich der Zucker aufgelöst hat. ⅓ vom Schnee mit der Dottermasse gut verrühren. Restlichen Schnee und Nuß-Kakao-Brösel-Mischung einrühren.

Kleine Tartelettformen (Durchmesser ca. 6 cm) mit Butter ausstreichen und mit Mehl ausstreuen. Masse in die Formen füllen, zum Rand hochstreichen (siehe Illustration, Seite 12) und im vorgeheizten Rohr bei 180 Grad ca. 20 Minuten backen. Törtchen aus den Formen stürzen und auskühlen lassen.
Zum Tränken der Masse Wasser mit Zucker und Himbeerbrand verrühren. Törtchen mit der Flüssigkeit bestreichen.

Für die Parisercreme Schokolade fein hacken. Schlagobers aufkochen, vom Feuer nehmen. Schokolade zugeben und verrühren, bis sie völlig aufgelöst ist. Creme etwas abkühlen lassen und mit dem Schneebesen öfters glattrühren, damit sich keine Haut bildet.
Sobald die Creme kühl und dickflüssig, aber noch nicht fest ist, Törtchen mit der Creme übergießen und Creme am besten mit einer Palette glattstreichen (falls die Creme bereits zu fest ist, über Wasserdampf etwas erwärmen und glattrühren).

Haselnüsse fein reiben. Den Rand der Törtchen mit Haselnüssen einstreuen. Himbeeren waschen, putzen, abtropfen lassen und auf die Törtchen setzen. Tortengelee wie auf der Packung beschrieben auflösen und über die Himbeeren träufeln. Törtchen eventuell mit Pistazien dekorieren.

Karameltörtchen

Zutaten für 10 Törtchen

Für die Grillagemasse
6 Eier
140g Kristallzucker
60g Walnüsse
1 TL Vanillezucker
Salz
Zimt
1 EL Wasser
100g glattes Mehl
120g von den Grillagebröseln (Zutaten unten)
30g Öl

Für den Oberskaramel
¼l Schlagobers
100g Kristallzucker
50g Stärkesirup (Glukose)

Für die Karamel-Buttercreme
Ca. 450g Buttercreme (Zutaten wie im Rezept auf Seite 171, jedoch nur ½ Menge)
150g vom Karamelobers

Für die Grillagebrösel
120g Kristallzucker
120g Haselnüsse

Öl
Gehobelte Mandeln

Zuerst die Grillagebrösel: Haselnüsse grob hacken und rösten. Ein Backblech mit Öl bestreichen. Eine Pfanne erwärmen. Zucker nach und nach in die Pfanne rühren und schmelzen. Pfanne vom Feuer nehmen. Haselnüsse unter den Karamel mischen. Die Masse auf das Backblech geben und auskühlen lassen. Mit einem Fleischklopfer zerkleinern, reiben.

Für die Grillagemasse Walnüsse fein reiben. Mehl, Nüsse und 120g von den Grillagebröseln vermischen.
Eier in Dotter und Klar trennen. Dotter, ⅓ vom Zucker, Salz, 1 MS Zimt, Wasser und Vanillezucker schaumig rühren. Klar und restlichen Zucker zu Schnee schlagen. ⅓ vom Schnee mit der Dottermasse gut verrühren. Restlichen Schnee und Mehl-Nuß-Mischung behutsam unterheben. Öl einrühren.

Ein Backblech mit Backtrennpapier auslegen. Masse auf das Backblech gießen, 1½cm dick verstreichen und im vorgeheizten Rohr bei 180 Grad ca. 25 Minuten backen. Blech aus dem Rohr nehmen. Grillagemasse auskühlen lassen.

Inzwischen den Oberskaramel zubereiten: Schlagobers, Zucker und Stärkesirup erhitzen und Zucker unter ständigem Rühren auflösen. Obers bei kleiner Hitze einkochen, bis die Masse schön braun ist (aber nicht zu dunkel, da sie leicht bitter wird). Karamel in eine Schüssel gießen und auskühlen lassen.

(Weiter auf Seite 76)

(Fortsetzung von Seite 74)

Buttercreme wie im Rezept auf Seite 171 beschrieben zubereiten. 150g von der Karamelmasse mit der Buttercreme gut verrühren.

Von der Grillagemasse Scheiben mit 6cm Durchmesser ausstechen. Die Hälfte davon mit Karamelbuttercreme bestreichen. Mit den restlichen Scheiben zu Törtchen zusammensetzen. Törtchen in den Kühlschrank stellen, Creme anziehen lassen.
Törtchen auf der Seite mit Karamelbuttercreme einstreichen und in den restlichen Grillagebröseln rollen. Törtchen oben mit Creme dünn bestreichen.
Restliche Karamelbuttercreme in einen Spritzsack füllen und durch eine kleine Lochtülle auf den Rand der Törtchen dressieren. Creme im Kühlschrank fest werden lassen.

Die restliche Karamelmasse auf ca. 35 Grad erwärmen. Ein Blatt Alufolie oder Pergamentpapier zu einer Tüte drehen (siehe Illustration, Seite 64). Karamel in die Tüte füllen und auf die Oberseite der Törtchen Muster zeichnen. Törtchen mit gehobelten Mandeln belegen.

Kuchen und Strudel

Die Wiener Süßspeisen-Spezialität schlechthin ist der Gugelhupf. Gemeint ist mit Gugelhupf kein spezielles Rezept, sondern eher die Form. Als „Gugelhupf" lassen sich demnach eine ganze Reihe der folgenden Kuchen ausführen, ob es sich um ein Apfel-Nußkuchen-, Rosinenkuchen-, Mohr-im-Hemd-Kuchen-, Kokoskuchen- oder das klassische Marmorgugelhupfrezept handelt, ist ziemlich gleich. Die äußere Form ist für das Gelingen der folgenden Rezepte nicht so sehr entscheidend, allerdings sollte es eine gute, möglichst antihaftbeschichtete sein, damit die Wärmezufuhr gleichmäßig erfolgt. (Auch beschichtete Formen mit Butter ausstreichen und mit Bröseln ausstreuen, schließlich gilt auch hier der in Österreich weithin bekannte Grundsatz: Nutzt's nix, so schadt's nix!)

Die Mengenangaben sind für ganz respektable Kuchen mit ca. 10 großen Stücken gedacht. Bei der Verwendung kleiner Backformen muß man die Mengen entsprechend reduzieren bzw. zwei Kuchen backen.

Obstkuchen sollten so dicht als möglich belegt werden, die Früchte dürfen einander durchaus überlappen. Der Teig geht beim Backen auf, das Obst schrumpft, und bei allzu sparsamem Belag entstehen zwischen den Früchten kahle Teigstellen, die weder attraktiv aussehen, noch sehr gut schmecken.

ZWETSCHKENFLECK

Zutaten für 1 Fleck mit ca. 20 Portionen

Für den Mürbteig*

250 g glattes Mehl
160 g Butter
80 g Staubzucker
1 Eidotter

Für den Germteig*

300 g glattes Mehl
30 g Germ
⅛ l Milch
40 g Butter
1 Ei
40 g Kristallzucker
1 TL Vanillezucker
Salz
½ Zitrone

Für den Belag

*2 kg Zwetschken**
200 g Marillenmarmelade
1 Schuß Zwetschkenbrand (Sliwowitz)

Für die Bröselmischung

250 g Semmelbrösel
200 g Butter
1 MS Zimt
1 TL Vanillezucker
1 EL Staubzucker

**Die angegebenen Zutaten reichen für mehr als diesen Zwetschkenfleck (siehe Tip am Ende dieses Rezeptes). Man sollte unbedingt die kleineren, bereiften Zwetschken verwenden, große Pflaumen enthalten zu viel Wasser.*

Für den Mürbteig Mehl auf eine Arbeitsfläche sieben, mit Butter verkrümeln und mit Staubzucker und Dotter zu einem glatten Teig verkneten. Teig kaltstellen.

Für den Germteig Zitrone waschen, Schale fein abreiben. Germ zerbröckeln und mit lauwarmer Milch gut verrühren (die Germ muß sich ganz auflösen). Germ-Milch-Mischung mit Zucker, Vanillezucker, Zitronenschale, Ei, Mehl und flüssiger Butter zu einem glatten, aber festen Teig abschlagen. Teig flachdrücken, in Folie wickeln und kaltstellen.

Inzwischen die Brösel vorbereiten: Butter erhitzen, Brösel in der Butter knusprig rösten, mit Zimt, Vanillezucker und Zucker verrühren. Brösel aus der Pfanne schütten (sie bräunen sonst zu sehr nach) und auskühlen lassen. Zwetschken waschen, trockentupfen, halbieren, entkernen und jede Hälfte der Länge nach zweimal einschneiden (siehe Illustration).

Mürbteig und Germteig miteinander zu einem glatten Teig verkneten, ca. ½ cm dick ausrollen, auf ein Backblech legen und mit einer Gabel mehrfach einstechen. Brösel gleichmäßig auf dem Teig verteilen, Zwetschken dicht aneinander darauflegen. Zwetschkenfleck im vorgeheizten Rohr bei 190 Grad ca. ½ Stunde backen; während der Backzeit einen Kochlöffel zwischen Backrohrtür und Rahmen einklemmen, sodaß die Tür einen Spalt offen steht.

Zwetschkenfleck aus dem Rohr nehmen, 10 Minuten abkühlen lassen. Marillenmarmelade aufkochen, mit

Zwetschkenbrand abrühren und auf den Zwetschkenkuchen streichen. Zwetschkenfleck auskühlen lassen, aufschneiden und servieren.

Tip: Für diesen Fleck braucht man nicht den gesamten Teig, doch gelingt er besser, wenn man gleich ein größeres Quantum zubereitet. Der Rest läßt sich, in Klarsichtfolie gewickelt, gut einfrieren und hält mehrere Wochen.

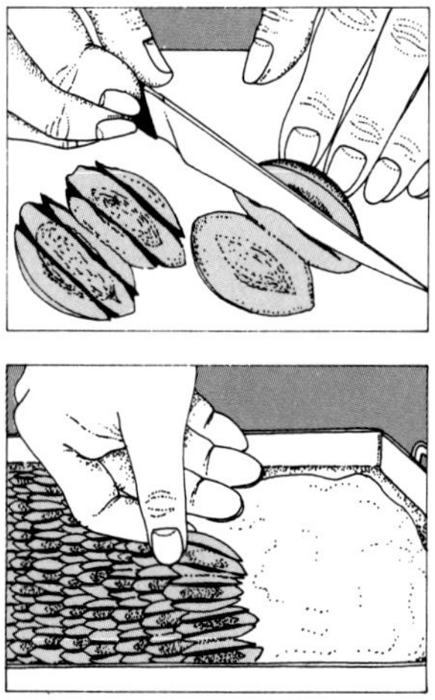

Bei Obstkuchen sollten die Früchte dicht an dicht oder sogar überlappend aufgelegt werden. Besonders hübsch wird der Zwetschkenfleck, wenn man die halbierten Früchte noch 2x einschneidet.

APFEL-NUSSKUCHEN

Zutaten für 1 Kuchen mit 12–14 Portionen

260 g Kokosfett
60 g Butter
100 g Staubzucker
180 g Haselnüsse
150 g Biskotten- oder Semmelbrösel
2 EL glattes Mehl
1 TL Vanillezucker
Zimt
3 Eier

Für den Belag
1,20 kg Äpfel
100 g Semmelbrösel
Saft von 1 Zitrone
60 g Rosinen

150 g Marillenmarmelade
2 Backoblaten

Für den Belag Äpfel waschen, schälen, entkernen und in ca. 1 cm dicke Spalten schneiden. Apfelspalten mit Zitronensaft beträufeln und ziehen lassen.
Butter bei Zimmertemperatur weich werden lassen. Butter und Kokosfett mit Staubzucker, Vanillezucker und 1 MS Zimt cremig rühren. Haselnüsse fein reiben, mit Mehl und Bröseln vermischen und abwechselnd mit den Eiern in den Abtrieb rühren.

Ein Backblech mit Backtrennpapier belegen. Masse ca. 1½ cm hoch auf das Blech streichen, mit einer Teigkarte glattstreichen. Backoblaten zurechtschneiden und darauflegen. Mit Semmelbröseln bestreuen. Apfelspalten eng aneinander auflegen. Kuchen im vorgeheizten Rohr bei 160 Grad ca. 1 Stunde backen — Kuchen nach ca. ½ Stunde Backzeit mit Alufolie abdecken, sonst nehmen die Äpfel zu stark Farbe.

Rosinen unter heißem Wasser waschen, abtropfen lassen. Marillenmarmelade aufkochen, Kuchen mit heißer Marmelade bestreichen und mit Rosinen bestreuen. Kuchen etwas abkühlen lassen, in Stücke schneiden.

MARILLENKUCHEN

Zutaten für 1 Tortenform mit 24 cm Durchmesser

---

5 Eier
180 g Kristallzucker
½ Zitrone
80 g Butter
1 TL Vanillezucker
Salz
180 g glattes Mehl
½ TL Backpulver

Evtl. Butter
Evtl. Mehl
700 g Marillen
2 Backoblaten
150 g Marillenmarmelade

Marillen waschen, entkernen, in Spalten schneiden (je nach Größe der Marillen in Viertel oder Sechstel) und auf einem Küchentuch abtropfen lassen.
Eier in Dotter und Klar trennen. Dotter mit der Hälfte des Zuckers verrühren, bis sich der Zucker aufgelöst hat. Zitrone waschen, Schale fein abreiben. Butter mit Zitronenschale, Vanillezucker und einer Prise Salz schaumig rühren.
Dottermasse nach und nach unter die Butter rühren.
Mehl in eine Schüssel sieben und mit dem Backpulver vermischen. Klar mit restlichem Zucker zu Schnee schlagen.
⅓ vom Schnee und ⅓ vom Mehl mit einem Schneebesen in die Masse rühren. Restlichen Schnee und restliches Mehl behutsam unter die Masse ziehen.

Einen Tortenreifen mit Papier oder Alufolie eindrehen (siehe Illustration, Seite 12) bzw. eine Tortenform von 24 cm Durchmesser mit Butter ausstreichen und mit Mehl ausstreuen. ⅔ vom Teig in die Form füllen, glattstreichen und mit Oblaten abdecken. Restlichen Teig auf die Oblaten streichen. Marillenspalten mit der Schnittfläche nach oben dicht an dicht in den Teig setzen. Torte im Rohr bei 170 Grad ca. 1 Stunde backen.
Marillenmarmelade aufkochen. Torte mit heißer Marillenmarmelade bestreichen, aus dem Reifen oder der Springform lösen und auskühlen lassen.

RIBISEL-STREUSELKUCHEN

Zutaten für 1 Kuchen mit 16 Stück

Für den Germ-Mürbteig
Zutaten wie im Rezept auf Seite 78

Für die Vanillecreme
Zutaten wie im Rezept auf Seite 171, jedoch nur die ½ Menge
2 EL Rum

Für den Streusel
400 g glattes Mehl
250 g Butter
250 g Kristallzucker
Salz
Zimt
2 TL Vanillezucker

---

800 g Ribiseln

Zuerst den Germ-Mürbteig wie im Rezept auf Seite 78 beschrieben zubereiten.
Für den Streusel Mehl, Butter, Kristallzucker, eine Prise Salz, 1 MS Zimt und Vanillezucker zwischen den Handflächen verkrümeln, durch ein grobes Sieb streichen und kaltstellen. Ribiseln abzupfen, waschen und abtropfen lassen.

Teig ½ cm dick ausrollen, auf ein Backblech legen und mit einer Gabel mehrfach einstechen. Vanillecreme wie im Rezept auf Seite 171 beschrieben zubereiten, mit Rum glattrühren und auf den Teig streichen. Ribiseln auf der Creme verteilen. Mit Streusel bestreuen. Kuchen im vorgeheizten Rohr bei 190 Grad ca. ½ Stunde backen; während des Backens einen Kochlöffel zwischen Backrohrtür und Rahmen klemmen, damit die Tür einen Spalt offen bleibt.
Kuchen aus dem Rohr nehmen, auskühlen lassen, aufschneiden und servieren.

Tip: Für diesen Kuchen braucht man nicht die ganze Teigmenge, doch gelingt der Teig besser, wenn man ein größeres Quantum zubereitet. Der Rest läßt sich, in Klarsichtfolie gewickelt, gut einfrieren und hält mehrere Wochen.

Nusskranzkuchen

Zutaten für 1 Kuchen mit 12 Stück

---

250 g Butter
80 g Staubzucker
6 Eier
150 g Kristallzucker
1 MS Backpulver
180 g glattes Mehl
180 g Walnüsse
2 TL Vanillezucker
3 EL Rum
Salz

Butter
Semmelbrösel
Staubzucker

Butter bei Zimmertemperatur weich werden lassen. Eier in Dotter und Klar trennen. Walnüsse fein reiben. Mehl und Backpulver versieben. Butter mit Staubzucker, Vanillezucker, einer Prise Salz und Rum cremig rühren. Eidotter nach und nach zugeben.
Eiklar mit etwas Kristallzucker zu schmierigem Schnee aufschlagen. Restlichen Zucker zugeben und so lange weiterschlagen, bis sich der Zucker aufgelöst hat (der Schnee soll aber nicht zu steif werden).

⅓ vom Schnee mit der Buttermasse gut verrühren. Mehlmischung, Walnüsse und restlichen Schnee behutsam unterziehen.
Eine Kranzform mit Butter ausstreichen und mit Semmelbröseln ausstreuen. Masse in die Form füllen, zum Rand hochstreichen (siehe Illustration, Seite 12) und im vorgeheizten Rohr bei 170 Grad ca. 1 Stunde backen. Kuchen aus der Form stürzen, auskühlen lassen und mit Staubzucker bestreuen.

Germgugelhupf

Zutaten für 1 Gugelhupf mit 10 Stück

---

300 g glattes Mehl
80 g Kristallzucker
20 g Germ
4 Eidotter
⅛ l Milch
80 g Butter
Salz
2 TL Vanillezucker
½ Zitrone
40 g Rosinen
Ca. 20 Mandeln

Butter
Mehl

Germ zerbröckeln und mit $\frac{1}{16}$ l lauwarmer Milch und etwas Mehl zu einem Dampfel ansetzen: Milch mit der Germ gut verrühren (die Germ muß sich ganz auflösen). Germ-Milch-Mischung mit etwas Mehl zu einem Brei rühren. Germbrei mit Mehl bestreuen, warmstellen (höchstens bei 40 Grad) und aufgehen lassen, bis sich das Volumen verdoppelt hat und die Oberfläche grobe Risse zeigt.

Rosinen unter heißem Wasser waschen, trockentupfen. Butter schmelzen. Zitrone waschen, Schale fein abreiben. Dotter, restliche Milch, Zucker, eine Prise Salz, Vanillezucker, Zitronenschale und Butter gut verrühren, Dampfel einrühren. Restliches Mehl nach und nach einrühren und einen glatten, aber festen Teig abschlagen. Rosinen untermischen.

Eine Gugelhupfform mit Butter ausstreichen und mit Mehl ausstreuen. Mandeln auf den Boden in die Form legen. Teig in die Form füllen, abdecken und an einem warmen Ort ca. 20 Minuten aufgehen lassen.
Gugelhupf im vorgeheizten Rohr bei 170 Grad ca. ¾ Stunde backen. Gugelhupf stürzen und auskühlen lassen.

Früchtebrot

Zutaten für 12 Portionen

200 g Butter
60 g Staubzucker
1 TL Vanillezucker
Salz
½ Zitrone
80 g Kristallzucker
80 g Dickfrüchte (kandierter Kürbis)
60 g Aranzini
40 g kandierte Kirschen
50 g Schokolade
50 g Walnüsse
1 EL Rum
240 g glattes Mehl

Für den Biskuitfleck
Zutaten wie im Rezept auf Seite 137

Butter
Mehl
60 g gehobelte Haselnüsse
80 g Marillenmarmelade

Butter bei Zimmertemperatur weich werden lassen. Eier in Dotter und Klar trennen. Walnüsse, Schokolade, Kirschen, Aranzini und Dickfrüchte hacken und mit dem Rum vermischen. Zitrone waschen und die Schale fein abreiben. Butter mit Staubzucker, Vanillezucker, einer Prise Salz und Zitronenschale cremig rühren. Eidotter nach und nach einrühren.
Klar mit Kristallzucker zu Schnee schlagen. ⅓ vom Schnee fest in die Buttermasse einrühren. Mehl mit den gehackten Früchten vermischen und mit dem restlichen Schnee behutsam unter die Masse heben.

Eine Backform mit Butter ausstreichen und mit Mehl ausstreuen. Masse in die Form füllen, glattstreichen und zum Rand hochstreichen (siehe Illustration, Seite 12). Im vorgeheizten Rohr bei 160—170 Grad ca. 1 Stunde backen. Früchtebrot aus der Form stürzen und auskühlen lassen.

Biskuitfleck wie im Rezept auf Seite 137 beschrieben zubereiten, jedoch vor dem Backen mit gehobelten Haselnüssen bestreuen.
Marillenmarmelade aufkochen. Früchtebrot mit heißer Marmelade bestreichen. Biskuitfleck zurechtschneiden. Früchtebrot in das Biskuit einwickeln.

Kaisergugelhupf

Zutaten für 1 Gugelhupf mit 10 Stück

200 g Butter
60 g Staubzucker
5 Eier
140 g Kristallzucker
200 g glattes Mehl
1–2 EL Rum
Salz
2 TL Vanillezucker
60 g Walnüsse
60 g Schokolade

Butter
Gehobelte Haselnüsse oder Mehl
Staubzucker

Walnüsse und Schokolade hacken und mit dem Mehl vermischen. Butter bei Zimmertemperatur weich werden lassen. Eier in Dotter und Klar trennen. Butter mit Staubzucker, Vanillezucker und einer Prise Salz cremig rühren. Eidotter und Rum nach und nach zugeben.
Eiklar mit 70 g Kristallzucker zu schmierigem Schnee schlagen. Restlichen Zucker zugeben und solange weiterschlagen, bis sich der Zucker aufgelöst hat (der Schnee soll aber nicht allzu fest werden).
⅓ vom Schnee mit dem Butterabtrieb gut verrühren. Mehlmischung und restlichen Schnee behutsam unterziehen. Eine Gugelhupfform mit Butter ausstreichen und mit Mehl oder gehobelten Haselnüssen ausstreuen. Masse in die Form füllen, zum Rand hochstreichen (siehe Illustration, Seite 12) und im vorgeheizten Rohr bei 170 Grad ca. 1 Stunde backen.
Gugelhupf aus der Form stürzen, auskühlen lassen und mit Staubzucker bestreuen.

Tip: Um zu verhindern, daß der Gugelhupf beim Backen über den Rand der Form quillt, legt man am besten einen Papierstreifen so um die Form, daß er ein paar Zentimeter über den Rand hinaussteht (die Enden mit ein wenig Eidotter oder -klar verkleben). In das Loch der Form einfach ein Papierstanitzel setzen.

Rosinenkuchen

Zutaten für 1 Kuchen mit 12 Stück

7 Eier
160 g Kristallzucker
Salz
½ Zitrone
2 TL Vanillezucker
150 g glattes Mehl
40 g Butter oder Butterschmalz
50 g Rosinen

Butter
Mehl

Zitrone waschen und die Schale fein abreiben. Rosinen heiß waschen und trockentupfen. Eier in Dotter und Klar trennen. Dotter, 2 EL Kristallzucker, Vanillezucker, eine Prise Salz und Zitronenschale schaumig rühren. Butter erhitzen.
Eiklar mit restlichem Zucker zu Schnee schlagen. ⅓ vom Schnee mit der Dottermasse gut verrühren. Restlichen Schnee und Mehl behutsam unterheben. Rosinen und heiße Butter vorsichtig untermengen.

Eine Kuchenform mit Butter ausstreichen und mit Mehl ausstreuen. Masse in die Form füllen, zum Rand hochstreichen (siehe Illustration, Seite 12) und im vorgeheizten Rohr bei 170 Grad 35—40 Minuten backen. Kuchen aus der Form stürzen und auskühlen lassen.

MARMORGUGELHUPF

Zutaten für 1 Gugelhupf mit 10 Stück

---

250 g Butter
80 g Staubzucker
½ Zitrone
1 TL Vanillezucker
Salz
5 Eier
150 g Kristallzucker
250 g glattes Mehl
1 EL Kakao
2 TL Öl

Butter
Gehobelte Haselnüsse oder Mehl
Staubzucker

Butter bei Zimmertemperatur weich werden lassen. Eier in Dotter und Klar trennen. Zitrone waschen, Schale fein abreiben. Butter mit Staubzucker, Zitronenschale, Vanillezucker und einer Prise Salz cremig rühren. Eidotter nach und nach zugeben.
Eiklar mit 75 g Kristallzucker zu schmierigem Schnee schlagen. Restlichen Zucker zugeben und solange weiterschlagen, bis sich der Zucker aufgelöst hat (der Schnee sollte dabei aber nicht allzu fest werden).
⅓ vom Schnee mit dem Butterabtrieb gut verrühren. Mehl und restlichen Schnee behutsam unterziehen. Kakao mit Öl verrühren. ⅓ der Gugelhupfmasse in ein anderes Gefäß umfüllen, Kakaomischung einrühren und die Masse damit dunkel einfärben.

Eine Gugelhupfform mit Butter ausstreichen und mit Mehl oder gehobelten Haselnüssen ausstreuen. Die helle und die dunkle Masse abwechselnd in die Form füllen. Masse zum Rand hochstreichen (siehe Illustration, Seite 12) und im vorgeheizten Rohr bei 170 Grad ca. 1 Stunde backen. Gugelhupf aus der Form stürzen, auskühlen lassen und mit Staubzucker bestreuen.

Tip: Um zu verhindern, daß der Gugelhupf beim Backen über den Rand der Form quillt, legt man am besten einen Papierstreifen so um die Form, daß er ein paar Zentimeter über den Rand hinaussteht (die Enden mit ein wenig Eidotter oder -klar verkleben). In das Loch der Form einfach ein Papierstanitzel setzen.
Man kann aus dieser Masse auch einen Rosinengugelhupf zubereiten, indem man anstelle von Kakao und Öl 30–40 g Rosinen unterrührt.

Bananenkuchen

Zutaten für 1 Kuchen mit 14 Stück

*300 g Bananen**
250 g brauner Zucker oder Kristallzucker
2 TL Vanillezucker
3 Eier
¼ l Schlagobers
$\frac{1}{16}$ l Öl
80 g Kristallzucker
300 g glattes Mehl
1 MS Backpulver
80 g Walnüsse

Butter
Mehl oder Brösel

Die Bananen müssen überreif sein, also eine braune Schale haben. Nur überreife Bananen haben das für diesen Kuchen wünschenswerte, intensive Aroma.

Walnüsse fein reiben. Mehl und Backpulver versieben. Eier in Dotter und Klar trennen. Bananen schälen und durch ein Sieb drücken. Bananenpüree mit braunem Zucker und Vanillezucker schaumig rühren. Eidotter und Schlagobers nach und nach einrühren. Zuletzt das Öl rasch unterrühren. Eiklar und Zucker zu Schnee schlagen. ⅓ vom Schnee in die Masse einrühren, restlichen Schnee, Mehl und Walnüsse behutsam unterziehen.

Eine Kuchenform mit Butter ausstreichen und mit Mehl oder Bröseln ausstreuen. Masse in die Backform füllen, zum Rand hochstreichen (siehe Illustration, Seite 12) und im vorgeheizten Rohr bei 170 Grad ca. ¾ Stunde backen. Kuchen aus der Form stürzen und auskühlen lassen.

Mohr-im-Hemd-Kuchen

Zutaten für 1 Kuchen mit 10 Stück

140g Butter
*140g Schokolade**
1 TL Vanillezucker
Salz
8 Eier
140g Kristallzucker
180g Haselnüsse oder Mandeln
*60g Brösel**

Butter
Gehobelte Mandeln
Evtl. Schlagobers

**Als Schokolade am besten Couvertüre, ersatzweise Bitter- oder Kochschokolade verwenden. Als Brösel eignen sich am besten Kuchenbrösel oder geriebene Biskotten, ersatzweise kann man Semmelbrösel verwenden.*

Butter bei Zimmertemperatur weich werden lassen. Eier in Dotter und Klar trennen. Schokolade über Wasserdampf schmelzen. Butter mit Vanillezucker, 60g Kristallzucker und einer Prise Salz cremig rühren. Eidotter nach und nach einrühren. Zuletzt die Schokolade unterziehen.
Eiklar mit restlichem Zucker zu Schnee schlagen. ⅓ vom Schnee mit dem Abtrieb gut verrühren. Restlichen Schnee, Brösel und Haselnüsse behutsam unterheben.

Eine Kuchenform mit Butter ausstreichen und mit Mandeln ausstreuen. Masse in die Form füllen, zum Rand hochstreichen (siehe Illustration, Seite 12) und im vorgeheizten Rohr bei 160 Grad ca. 1 Stunde backen. Kuchen aus der Form stürzen und abkühlen lassen. Kuchen aufschneiden und am besten mit Schlagobers servieren.

Aniskuchen

Zutaten für 1 Kuchen mit 12 Stück

---

250 g Butter
250 g Staubzucker
Salz
2 TL Vanillezucker
5 Eier
300 g glattes Mehl
20 g Anis
1 MS Backpulver

Butter
Gehobelte Mandeln
Staubzucker

Butter bei Zimmertemperatur weich werden lassen. Butter mit Staubzucker, Vanillezucker und einer Prise Salz cremig rühren. Eier nach und nach einrühren. Mehl und Backpulver versieben und mit Anis vermischen. Mehlmischung in den Butterabtrieb rühren.
Eine Wannen- oder Rehrückenform mit Butter ausstreichen und mit gehobelten Mandeln ausstreuen. Masse einfüllen, zum Rand hochstreichen (siehe Illustration, Seite 12) und im vorgeheizten Rohr bei 170 Grad ca. 55 Minuten backen.

Kuchen aus der Form stürzen und auskühlen lassen. Mit Staubzucker bestreuen.

BIRNENKUCHEN

Zutaten für 1 Kuchen mit 8 Stück

140g Butter
140g Staubzucker
120g Rohmarzipan
Salz
1 TL Stollengewürz
3 Eier
100g glattes Mehl
100g Weizenstärke
1 MS Backpulver
20g Kakao
3–4 Kompottbirnen

Für den Mürbteig
Zutaten wie im Rezept auf Seite 78, jedoch nur ½ Menge

Zuerst den Mürbteig wie im Rezept auf Seite 78 beschrieben zubereiten und ca. 2½cm dick ausrollen. Eine Springform von ca. 20cm Durchmesser mit dem Mürbteig auslegen. Überhängende Ränder abschneiden oder mit dem Rollholz abtrennen (siehe Illustration).
Rohmarzipan mit 1 Ei zu einer glatten Masse verrühren (am besten mit Hilfe eines Pürierstabes). Butter, Staubzucker, eine Prise Salz und Stollengewürz schaumig rühren. Marzipan und die restlichen Eier nach und nach einrühren. Mehl, Weizenpuder, Kakao und Backpulver versieben. Mehl-Mischung behutsam unter den Butterabtrieb heben. Masse auf den Mürbteigboden gießen und glattstreichen.
Birnen abtropfen lassen, in Fächer schneiden und auf dem Kuchen gefällig verteilen. Kuchen im vorgeheizten Rohr bei 200 Grad Unterhitze ca. 50 Minuten backen (wenn das Backrohr keine Einstellung für Unterhitze hat, Kuchen ganz unten ins Rohr stellen und oben mit Alufolie abdecken).

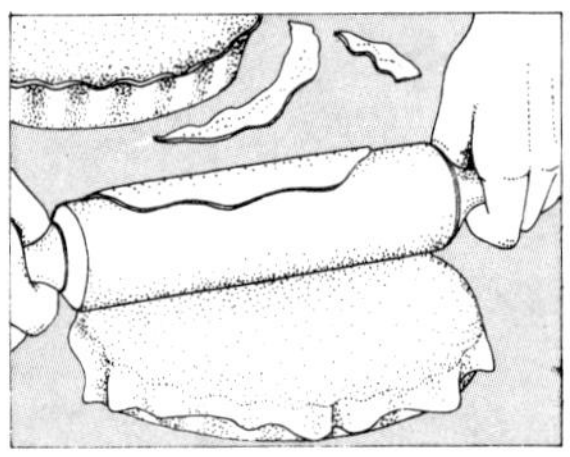

Den Mürbteig am besten mit Hilfe des Rollholzes in die Form heben. Ränder andrücken und mit einem Messer abschneiden oder mit dem Rollholz abdrücken.

Kokoskuchen

Zutaten für 1 Kuchen mit 8–10 Stück

150 g Butter
130 g Staubzucker
1 TL Vanillezucker
Salz
1 Orange
4 Eier
1 Eidotter
200 g Kokosraspel
60 g Aranzini
40 g glattes Mehl

Butter
Mehl
Orangenmarmelade

Butter bei Zimmertemperatur weich werden lassen. Orange waschen, Schale fein abreiben. Aranzini hacken. Butter mit Staubzucker, Vanillezucker, Orangenschale und einer Prise Salz cremig rühren.
Eier und Dotter nach und nach unterrühren. Kokosraspel unter die Masse ziehen. Aranzini und Mehl behutsam unterheben.

Eine Kuchenform mit Butter ausstreichen und mit Mehl ausstreuen. Masse in die Backform füllen, zum Rand hochstreichen (siehe Illustration, Seite 12) und im vorgeheizten Rohr bei 160 Grad ca. 1 Stunde backen. Kuchen aus der Form stürzen und auskühlen lassen. Orangenmarmelade aufkochen. Kuchen mit Marmelade bestreichen.

Dattel-Feigenkuchen

Zutaten für 1 Kuchen mit 10 Stück

---

200 g Butter
70 g Staubzucker
1 TL Vanillezucker
Salz
Zimt
5 Eier
90 g Kristallzucker
150 g getrocknete Datteln
150 g getrocknete Feigen
220 g glattes Mehl
3 EL Weinbrand

Butter
Mehl

Feigen heiß waschen, abtropfen lassen und in Würfel mit einer Kantenlänge von ½ cm schneiden. Datteln entkernen und in ½ cm große Stücke schneiden. Feigen und Datteln vermischen, mit Weinbrand beträufeln und ziehen lassen.

Butter bei Zimmertemperatur weich werden lassen. Eier in Dotter und Klar trennen. Butter mit Staubzucker, einer Prise Salz, 1 MS Zimt und Vanillezucker cremig rühren. Eidotter nach und nach einrühren.
Eiklar mit Kristallzucker zu Schnee schlagen. ⅓ vom Schnee und die Trockenfrüchte mit der Masse gut verrühren. Restlichen Schnee und Mehl behutsam unterziehen.

Eine Kuchenform mit Butter ausstreichen und mit Mehl ausstreuen. Masse in die Backform füllen, zum Rand hochstreichen (siehe Illustration, Seite 12) und im vorgeheizten Rohr bei 160—170 Grad ca. 1 Stunde backen. Kuchen aus der Form stürzen und auskühlen lassen.

Marillenfleck

Zutaten für 1 Fleck mit 20 Stück

Für den Germ-Mürbteig
Zutaten wie im Rezept auf Seite 78

Für die Vanillecreme
Zutaten wie im Rezept auf Seite 171, jedoch nur ½ Menge

Für den Belag
*1½ kg Marillen**
200 g Marillenmarmelade
1–2 EL Marillenbrand oder Barack

**Am besten verwendet man kleine, reife, aber nicht allzu weiche Marillen.*

Teig wie im Rezept auf Seite 78 beschrieben zubereiten. Vanillecreme wie im Rezept auf Seite 171 beschrieben zubereiten und kaltstellen.
Marillen waschen, trockentupfen, halbieren, entkernen und der Länge nach zweimal einschneiden (siehe Illustration, Seite 79).

Teig ½ cm dick ausrollen, auf ein Backblech legen und mit einer Gabel mehrfach einstechen. Vanillecreme auf den Teig streichen, Marillen dicht aneinander auf die Fülle setzen. Fleck im vorgeheizten Rohr bei 190 Grad ca. ½ Stunde backen; während des Backens einen Kochlöffel zwischen Backrohrtür und Rahmen klemmen, damit die Tür einen Spalt offen bleibt.

Marillenfleck aus dem Rohr nehmen, 10 Minuten abkühlen lassen. Marillenmarmelade aufkochen, mit Marillenbrand aromatisieren und auf den Marillenkuchen streichen. Marillenfleck auskühlen lassen, aufschneiden und servieren.

Tip: Für diesen Fleck braucht man nicht die ganze Teigmenge, doch gelingt der Teig besser, wenn man ein größeres Quantum zubereitet. Der Rest läßt sich, in Klarsichtfolie gewickelt, gut einfrieren und hält mehrere Wochen.

Sandkuchen

Zutaten für 1 Kuchen mit ca. 10 Stück

5 Eier
2 Eidotter
150 g Kristallzucker
Salz
1 Zitrone
140 g glattes Mehl
1 TL Vanillezucker
90 g Weizenpuder oder Stärkemehl
*150 g Butterschmalz**

Butter
Semmelbrösel
Staubzucker

**Es eignet sich auch geklärte Butter: Butter schmelzen. Schaum von der Oberfläche abschöpfen.*

Eine Wannenform mit Butter ausstreichen und mit Bröseln ausstreuen. Zitrone waschen, Schale fein abreiben. Butterschmalz erhitzen. Eier, Dotter, Zitronenschale, eine Prise Salz, Vanillezucker und Kristallzucker in einem Schneekessel über Wasserdampf aufschlagen. Schneekessel vom Dampf nehmen und Creme weiterschlagen, bis sie auf Zimmertemperatur abgekühlt ist („kaltschlagen"). Mehl mit Weizenpuder versieben und unterrühren. Butterschmalz schmelzen und mit einem Kochlöffel behutsam unterziehen.

Masse in die Form füllen und im vorgeheizten Rohr bei 180 Grad 10 Minuten backen; der Kuchen sollte dann an der Oberfläche goldbraun sein.
Ein kleines Messer mit Butter bestreichen und damit den Kuchen der Länge nach einschneiden. Nochmals ins Rohr schieben und fertigbacken (dauert ca. ½ Stunde; durch das Einschneiden nach dem Anbacken reißt die Oberfläche schön auf). Kuchen auskühlen lassen.

Kuchen aus der Form lösen (gelingt am besten, indem man die Form zuvor leicht anwärmt). Mit Staubzucker bestreuen.

Brioche-Zopf

Zutaten für 1 Striezel mit ca. 10 Stück

½ kg glattes Mehl
80 g Kristallzucker
80 g Butter
30 g Germ
Ca. 2 dl Milch
4 Eidotter
1 MS Salz
2 TL Vanillezucker
½ Zitrone
50 g Aranzini
80 g Rosinen

---

1 Eidotter
Hagelzucker oder gehobelte Mandeln

Germ zerbröckeln und mit 3/16 l lauwarmer Milch und etwas Mehl zu einem Dampfel ansetzen: Milch mit der Germ gut verrühren (die Germ muß sich ganz auflösen). Germ-Milch-Mischung mit etwas Mehl zu einem Brei rühren. Germbrei mit Mehl bestreuen, warmstellen (höchstens bei 40 Grad) und aufgehen lassen, bis sich das Volumen verdoppelt hat und die Oberfläche grobe Risse zeigt.

Butter schmelzen. Zitrone waschen, Schale fein abreiben. Dotter, restliche Milch, Zucker, Salz, Vanillezucker, Zitronenschale und Butter gut verrühren. Dampfel einrühren. Restliches Mehl nach und nach einrühren und einen glatten, aber festen Teig abschlagen. Teig abdecken und an einem warmen Ort ca. ¼ Stunde aufgehen lassen.

Rosinen waschen und trockentupfen. Aranzini fein hacken. Teig durchkneten, dabei Rosinen und Aranzini einarbeiten. Teig in 3 gleiche Portionen teilen und zu Strängen rollen, die in der Mitte etwas dicker sind als an den Enden.
Die Stränge zu einem Zopf flechten. Zopf auf ein Backblech setzen, mit Klarsichtfolie abdecken und aufgehen lassen. Mit Eidotter bestreichen und im vorgeheizten Rohr bei 180 Grad ca. ¾ Stunde backen. Mit Hagelzucker oder gehobelten Mandeln bestreuen.

MOHNPOTIZE

Zutaten für 2 Potizen mit ca. 15 Portionen

Für den Germteig
½ kg glattes Mehl
80 g Kristallzucker
40 g Butter
25 g Germ
Ca. ¼ l Milch
3 Dotter
1 MS Salz
2 TL Vanillezucker
¼ Zitrone

Für die Mohnfülle
Zutaten wie im Rezept auf Seite 172

Butter
Mehl

Germ zerbröckeln und mit 3/16 l lauwarmer Milch und etwas Mehl zu einem Dampfel ansetzen: Milch mit der Germ gut verrühren (die Germ muß sich ganz auflösen). Mit etwas Mehl zu einem Brei rühren. Germbrei mit Mehl bestreuen, warmstellen (höchstens bei 40 Grad) und aufgehen lassen, bis sich das Volumen verdoppelt hat und die Oberfläche grobe Risse zeigt.

Butter schmelzen. Zitrone waschen, Schale fein abreiben. Dotter, restliche Milch, Zucker, Salz, Vanillezucker, Zitronenschale und Butter gut verrühren. Dampfel einrühren. Restliches Mehl nach und nach einrühren und einen glatten, aber festen Teig abschlagen. Teig abdecken und an einem warmen Ort ca. 20 Minuten aufgehen lassen.

Teig nochmals abschlagen und zu einer Stange formen. 5 mm dick, rechteckig ausrollen. Fülle auf der Teigfläche glatt verstreichen.
1 große Backform von ca. 35 cm Länge mit Butter ausstreichen und mit Mehl ausstreuen. Das Teigstück von beiden Seiten zur Mitte hin einrollen (siehe Illustration) und in die Form setzen. Mit Klarsichtfolie abdecken und an einem warmen Ort (ca. 30 Grad) 40 Minuten gehen lassen (die Potize soll langsam gehen, sonst entstehen Hohlräume zwischen Fülle und Teig). Im vorgeheizten Rohr bei 180 Grad ca. ¾ Stunde backen. Potize abkühlen lassen und aus der Form stürzen.

Tip: Potizen kann man natürlich auch mit Nußfülle (Zutaten wie im Rezept Seite 172) zubereiten.

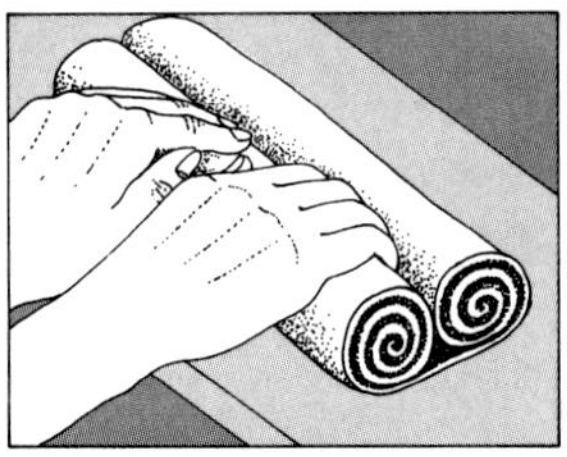

So wird der bestrichene Teigfleck auf beiden Seiten eingerollt.

Nuss- oder Mohnstrudel aus Beugelteig

Zutaten für 1 Strudel mit ca. 8 Stück

350 g glattes Mehl
140 g Butter
40 g Staubzucker
20 g Germ
1½ Eidotter
Ca. 1/16 l Milch
¼ Zitrone
Salz

Für die Nuß- oder Mohnfülle
Zutaten wie in den Rezepten auf Seite 172, jedoch nur ⅔ der Menge

2 Eidotter

Butter schmelzen. Zitrone waschen, Schale fein abreiben. Germ zerbröckeln und mit kalter Milch gut verrühren (die Germ muß sich ganz auflösen). Germ-Milch-Mischung mit Mehl, Dotter, Zucker, einer Prise Salz, Zitronenschale und Butter zu einem glatten, aber festen Teig abschlagen. Teig zu einer Kugel formen, mit Folie abdecken und mindestens ½ Stunde kaltstellen. Inzwischen die Fülle wie in den Rezepten auf Seite 172 beschrieben zubereiten.

Teig zu einem Rechteck von 25 cm Breite und 40 cm Länge ausrollen, mit Nuß- oder Mohnfülle bestreichen und einrollen. Strudelende festdrücken.
Strudel mit dem verschlossenen Ende nach unten auf ein Backblech setzen. Mit Dotter bestreichen, trocknen lassen und nochmals bestreichen. Strudel an einem warmen Ort ca. ½ Stunde gehen lassen. Im vorgeheizten Rohr bei 170 Grad ca. 40 Minuten backen.
Strudel auskühlen lassen. In schräge Stücke schneiden und servieren.

Rehrücken

Zutaten für 1 Rehrücken mit 10 Portionen

90 g Butter
40 g Staubzucker
*80 g Schokolade**
1 TL Vanillezucker
Salz
5 Eier
70 g Kristallzucker
100 g braune Mandeln
50 g Biskottenbrösel

Für die Glasur

*250 g Schokolade**
300 g Kristallzucker
⅛ l Wasser

Butter
Mehl
120 g Ribiselmarmelade
Evtl. Schlagobers

**Am besten Couvertüre. Für die Rehrückenmasse ersatzweise Bitter- oder Kochschokolade verwenden. Bei der Glasur sollte man die im Rezept beschriebene Arbeit des Tablierens auf sich nehmen, bestenfalls als Ersatz der klassischen Sacher-Glasur Schokoladefondant verwenden.*

Butter bei Zimmertemperatur weich werden lassen. Eier in Dotter und Klar trennen. Mandeln fein reiben und mit Mehl und Bröseln vermischen. Schokolade über Wasserdampf schmelzen. Butter mit Staubzucker, einer Prise Salz und Vanillezucker cremig rühren. Dotter nach und nach einrühren. Zuletzt die Schokolade unterziehen.
Eiklar mit Kristallzucker zu Schnee schlagen. ⅓ vom Schnee mit der Schokolademasse gut verrühren. Restlichen Schnee und Mehlmischung behutsam unterheben.

Eine Rehrückenform mit Butter ausstreichen und mit Mehl ausstreuen. Masse in die Form füllen, zum Rand hochstreichen (siehe Illustration, Seite 12) und im vorgeheizten Rohr bei 170 Grad ca. 50 Minuten backen. Kuchen aus der Form stürzen und auskühlen lassen. Ribiselmarmelade aufkochen. Rehrücken mit Marmelade möglichst glatt bestreichen.

Für die Glasur Wasser und Zucker in einer Kasserolle aufkochen. Kasserolle vom Feuer nehmen. Schokolade in Stücke brechen, in den Zuckersirup geben und solange rühren, bis sie völlig geschmolzen ist. Den Rand der Kasserolle mit einem nassen Pinsel abwischen, damit die Schokolade nicht anbrennt. Glasur auf 108 Grad erhitzen (siehe Tip) und in ein anderes Geschirr abseihen.
Ca. ⅓ der Glasur auf eine kalte Marmorplatte gießen und mit einer Palette verstreichen, bis sie dickflüssig wird (man nennt das „tablieren"; siehe Illustration, Seite 15). Restliche Glasur in der Zwischenzeit ab und zu behutsam glattrühren, damit sich keine Haut bildet. Dickflüssige Glasur wieder in das Geschirr streichen, mit der restlichen Glasur behutsam verrühren. Diesen Vorgang wiederholen, bis die gesamte Glasur dickflüssige Konsistenz aufweist.

Rehrücken mit Glasur überziehen, Glasur fest werden lassen, Rehrücken mit Schlagobers servieren.

Tip: Die Temperatur der Glasur kontolliert man am besten mit der sogenannten Fingerprobe: Daumen und Zeigefinger zuerst in kaltes Wasser, danach in die Glasur tauchen. Glasur zwischen den Fingern verreiben. Finger öffnen: Zieht die Schokolade einen Faden, ist die Glasur gerade richtig.

Kärntner Reindling

Zutaten für 1 Reindling mit 10 Stück

Für den Germteig
Zutaten wie im Rezept auf Seite 104

Für die Fülle
100 g Kristallzucker
½ TL Zimt
150 g Rosinen

Butter
Kristallzucker

Zuerst den Germteig wie im Rezept auf Seite 104 beschrieben zubereiten. Für die Fülle Rosinen heiß waschen und gut abtropfen lassen. Zimt und Zucker vermischen. Etwas Butter schmelzen. Eine Gugelhupfform (möglichst nicht aus Keramik) mit Butter ausstreichen und mit Zucker ausstreuen.

Germteig ca. 5 mm dick zu einem Rechteck ausrollen, mit Butter bestreichen und mit Zimtzucker und Rosinen bestreuen. Teig fest einrollen, in die Form legen, leicht andrücken. Mit Klarsichtfolie abdecken und ca. ¾ Stunde aufgehen lassen. Im vorgeheizten Rohr bei 170—180 Grad ca. ¾ Stunde backen. Kuchen aus der Form stürzen und auskühlen lassen.

Tip: Wenn man die Form mit Zucker ausstreut und den Kuchen in der Form abkühlen läßt, kann es passieren, daß der Kuchen kleben bleibt. Deshalb den Kuchen sofort nach dem Backen aus der Form stürzen, oder die Form statt mit Zucker mit Mehl oder Semmelbröseln ausstreuen.

WEIHNACHTSSTOLLEN

Zutaten für 2 Stollen mit je 10 Stück

---

3 dl Milch
1 kg glattes Mehl
70 g Germ
4 Eidotter
90 g Kristallzucker
350 g Butter
10 g Salz
2 TL Vanillezucker
1 Zitrone
Zimt
1 MS Kardamom
150 g Aranzini
150 g Zitronat
300 g Rosinen
2 EL Rum
80 g Mandelstifte

---

200 g Butter
250 g Kristallzucker
30 g Vanillezucker
Staubzucker

Germ zerbröckeln und mit ⅛l lauwarmer Milch und etwas Mehl zu einem Dampfel ansetzen: Milch mit der Germ gut verrühren (die Germ muß sich ganz auflösen). Germ-Milch-Mischung mit etwas Mehl zu einem Brei rühren. Germbrei mit Mehl bestreuen, warmstellen (höchstens bei 40 Grad) und aufgehen lassen, bis sich das Volumen verdoppelt hat und die Oberfläche grobe Risse zeigt.

Butter schmelzen. Zitrone waschen, Schale fein abreiben. Dotter, restliche Milch, Zucker, Salz, Kardamom, eine Prise Zimt, Vanillezucker, Zitronenschale und Butter gut verrühren. Dampfel einrühren. Restliches Mehl nach und nach einrühren und einen glatten, aber festen Teig abschlagen. Teig abdecken und an einem warmen Ort ca. ¾ Stunde aufgehen lassen.

Rosinen waschen und trockentupfen. Aranzini und Zitronat kleinwürfelig hacken. Aranzini, Zitronat, Rosinen und Mandeln mit Rum vermischen. Teig nochmals durchkneten, dabei Früchte einarbeiten. Teig in 2 gleiche Portionen teilen, zu Rechtecken ausrollen, die in der Mitte dünner als an den Seiten sind. Die dickeren Kanten zur Mitte hin einschlagen und mit einem Rollholz ein wenig andrücken (siehe Illustration).
Ein Backblech mit Backtrennpapier auslegen. Stollen auf das Blech setzen und an einem warmen Ort ca. ½ Stunde aufgehen lassen.

Stollen im vorgeheizten Rohr bei 150 Grad ca. 55 Minuten backen. Butter erhitzen. Stollen zwei, drei Mal auf allen Seiten mit heißer Butter bestreichen. Kristallzucker und

Vanillezucker vermischen und die Stollen damit einstreuen. Stollen auskühlen lassen, mit Staubzucker bestreuen und in Klarsichtfolie wickeln. Stollen nicht ofenfrisch essen, sondern zuvor ein paar Tage kühl lagern (sie halten sich bis zu 6 Wochen).

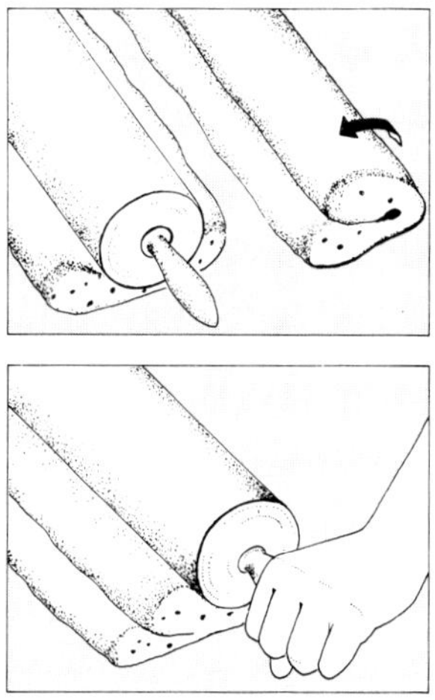

Für einen „Weihnachtsstollen" Teig rechteckig ausrollen (in der Mitte flacher), eine Seite zur Mitte falten, doppelte Kante flachdrücken.

Blätterteig-Weichsel-Strudel

Zutaten für 1 Schnitte mit ca. 10 Stück

Für den Blätterteig

*Zutaten wie im Rezept auf Seite 168, jedoch für ½ kg Teig**

Für die Fülle

*½ kg Kompottweichseln**
100 g Kristallzucker
Zimt
120 g Semmelbrösel
100 g Butter
Zimt
1 TL Vanillezucker
2 TL Staubzucker

---

1 Ei

**Für diesen Strudel kann man durchaus auch fertig gekauften Blätterteig verwenden. Kompottweichseln sind im Handel als Dosenware oder im Glas erhältlich (etwa unter der Bezeichnung „Dunst-Sauerkirschen").*

Blätterteig eventuell wie im Rezept auf Seite 168 beschrieben selbst zubereiten.
Für die Fülle Semmelbrösel, 1 MS Zimt, Vanillezucker und Staubzucker in der Butter goldbraun rösten. Brösel auskühlen lassen. Weichseln abtropfen lassen und mit den Bröseln vermischen.

Blätterteig ca. 2 mm dick und 20 cm breit ausrollen. Fülle ca. 10 cm breit auf die Mitte der Teigfläche setzen (links und rechts von der Fülle sollen noch je 5 cm frei bleiben). Einen freien Teigstreifen über die Fülle klappen, mit verquirltem Ei bestreichen, zweiten Streifen über die Fülle klappen und mit Ei bestreichen.
Ein Backblech mit Backtrennpapier auslegen, Strudel mit der Verschlußseite nach unten auf das Blech setzen, mit Ei bestreichen und mit einer Gabel mehrfach einstechen.
Strudel im Rohr bei 200 Grad ca. ¼ Stunde anbacken. Temperatur verringern, bei 180 Grad ca. 25 Minuten fertigbacken.

Tip: Auf diese Weise lassen sich natürlich auch Nuß-, Mohn- oder Topfenstrudel zubereiten.

Schnitten und Rouladen

Bei manchen der folgenden Rezepte wird die Creme mit Gelatine zubereitet. Gelatine ist gar nicht schwer zu verarbeiten, wenn man dabei ein paar Grundregeln beachtet.
Gelatine immer in kaltem Wasser einweichen. In lauwarmem oder warmem Wasser besteht die Gefahr des Verklebens.
Sobald die Blätter weich sind, gut ausdrücken und bei milder Hitze, am besten über Wasserdampf schmelzen. Bei zu großer Hitze könnte die Gelatine anbrennen und dadurch unbrauchbar werden.
Beim Einrühren der aufgelösten Gelatine in die Grundmasse vorerst nur einen kleinen Teil der Masse mit der Gelatine vermengen. Vermischt man das relativ kleine Quantum der Gelatine mit der großen Menge der — meistens kalten — Creme, besteht die Gefahr, daß die Gelatine sofort stockt und sich Knollen bilden.
Die Kühlzeiten in den Rezepten dieses Buches sind nur Richtwerte. Wie lange eine Creme tatsächlich braucht um zu stocken, ist nicht genau vorauszusagen. Die Roulade oder Schnitte lieber eine Stunde länger im Kühlschrank lassen, als beim Anschneiden eine allzuweiche Überraschung zu erleben.
Die Rezepte sind durchwegs auf Blattgelatine abgestimmt. Blattgelatine läßt sich leicht dosieren, man erspart sich das Wiegen des Pulvers.

Damit der Biskuitmantel einer Roulade geschmeidig wird und sich problemlos einrollen läßt, sollte man folgende Vorgangsweise einhalten: Die Masse auf Backtrennpapier streichen und heiß backen, sofort nach dem Backen großzügig mit Kristallzucker bestreuen, mit einem zweiten Blatt Backtrennpapier abdecken und am Blech umdrehen, sodaß das Biskuit auf der Zuckerschicht liegt (durch den Zucker verklebt es nicht mit dem Papier). So auskühlen lassen; zwischen den beiden Blättern Backtrennpapier hält das Biskuit seine Feuchtigkeit. Das Papier erst vor dem Bestreichen des Biskuits abziehen. Sollte das Biskuit dennoch schwer einzurollen sein, den mit Creme bestrichenen Fleck für ca. 1 Stunde in den Kühlschrank stellen.
Wie man eine Roulade fest und sauber einrollt, ist aus der Illustration auf Seite 138 ersichtlich.

Früchte auf Blätterteig

Zutaten für 6–8 Portionen

250g fertigen Blätterteig oder hausgemachten Blätterteig wie im Rezept auf Seite 168
50g Schokolade
100g Rohmarzipan
*Ca. 2 EL Läuterzucker**
1 EL Orangenlikör
½ Pkg. Tortengelee
Zucker
Zitronensaft
½ Ananas
2 Kiwis
2 kernlose Orangen
Ca. 250g Erdbeeren

**Läuterzucker ist eine Mischung aus 1 Teil Wasser und 1 Teil Zucker.*

Blätterteig wie im Rezept auf Seite 168 beschrieben zubereiten, zu einem 15cm breiten und 40cm langen Rechteck ausrollen und auf ein Backblech legen. Die Längsseiten des Streifens 1 cm zur Mitte einschlagen. Diesen Rand mit einer Gabel festdrücken und den Teig mehrfach einstechen, damit er gleichmäßig aufgeht und keine Blasen wirft.
Teig mit Klarsichtfolie abdecken und ½ Stunde rasten lassen. Im vorgeheizten Rohr bei 200 Grad ca. 10 Minuten anbacken, bei 180 Grad fertigbacken (dauert ca. 10 Minuten) und auskühlen lassen.

In der Zwischenzeit die Früchte vorbereiten: Ananas schälen, vierteln, Strunk ausschneiden, Ananas blättrig schneiden. Orangen schälen, sodaß auch die äußere Haut vom Fruchtfleisch mitgeht. Die einzelnen Spalten zwischen den Trennhäuten herausschneiden (siehe Illustration, Seite 38). Kiwis schälen und in Scheiben schneiden. Erdbeeren waschen, putzen, abtropfen lassen und halbieren.

Schokolade über Wasserdampf schmelzen und auf den Blätterteig streichen. Rohmarzipan, Läuterzucker und Orangenlikör glatt verrühren und auf den Blätterteig über die Schokolade streichen (oder durch den Spritzsack aufdressieren). Blätterteig mit Früchten gefällig belegen. Tortengelee nach Anleitung auf der Packung aufkochen, mit Zucker und Zitronensaft aromatisieren und mit einem Pinsel auf die Früchte streichen. Gelee fest werden lassen.

Marillen-Punschschnitte

Zutaten für 1 Schnitte mit 12 Stück

250 g Butter
250 g Staubzucker
5 Eier
250 g glattes Mehl
1 MS Backpulver
2 TL Vanillezucker
Salz
½ Zitrone
100 g Haselnüsse

Zum Tränken der Schnitte
80 g Kristallzucker
80 g Wasser
1/16 l Rum (38 % Alkohol)
1–2 EL Cointreau

3 Backoblaten
600 g Kompottmarillen

Marillen abtropfen lassen und halbieren. Zitrone waschen, Schale fein abreiben. Butter bei Zimmertemperatur weich werden lassen. Butter, Zitronenschale, Vanillezucker und eine Prise Salz cremig rühren. Eier nach und nach unterrühren.
Mehl und Backpulver vermischen. Haselnüsse fein reiben. Mehl und Haselnüsse unter die Masse rühren.

Kapselrahmen in Backtrennpapier oder Alufolie eindrehen (siehe Illustration, Seite 12), damit beim Backen die Masse nicht auslaufen kann. ⅔ der Masse in die Form füllen und glattstreichen. Mit Backoblaten belegen. Marillen auf die Oblaten setzen, restliche Masse über die Marillen streichen. Marillenkuchen im vorgeheizten Rohr bei 170 Grad ca. 50 Minuten backen, aus dem Rohr nehmen und auskühlen lassen.
Marillenkuchen aus dem Rahmen schneiden. Rahmen abheben. Backtrennpapier abziehen.

Zum Tränken der Schnitte Kristallzucker mit Wasser aufkochen. Geschirr vom Feuer nehmen, Rum und Cointreau einrühren. Marillenschnitte mit der Flüssigkeit bestreichen, bis die Masse alles aufgenommen hat. Schnitte 10 Minuten ziehen lassen und aufschneiden.

Tip: Falls beim Zugeben der Eier die Buttermasse gerinnt, etwas Mehl unterrühren, und die Masse bekommt ihre Bindung wieder.

DOBOSSCHNITTE

Zutaten für 1 Schnitte mit ca. 10 Portionen

160 g Butter
30 g Staubzucker
1 TL Vanillezucker
Salz
5 Eier
110 g Kristallzucker
120 g glattes Mehl

Für die Creme

Ca. 400 g Buttercreme (siehe Rezept Seite 171, jedoch nur ½ Menge)
*80 g Schokolade**
60 g Haselnüsse
1 EL Rum

Für die Glasur

Ca. 200 g Kristallzucker
Butter

**Am besten Couvertüre, ersatzweise Bitter- oder Kochschokolade.*

Buttercreme wie im Rezept auf Seite 171 beschrieben zubereiten. Eier in Dotter und Klar trennen. Butter, Staubzucker, Vanillezucker und eine Prise Salz cremig rühren. Dotter nach und nach einrühren. Eiklar mit Kristallzucker zu Schnee schlagen. ⅓ vom Schnee mit der Dottermasse verrühren. Restlichen Schnee und Mehl unterheben.

2 Backbleche mit Backtrennpapier auslegen. Masse zu gleichen Teilen, ca. 30 cm breit und 40 cm lang aufstreichen, glattstreichen und im vorgeheizten Rohr bei 220 Grad backen (dauert ca. ¼ Stunde).
Dobosblätter in Streifen von ca. 7 cm Breite und 40 cm Länge schneiden und auskühlen lassen.

Haselnüsse fein reiben, rösten und mit dem Rum im Mixer zu cremiger Konsistenz verrühren. Schokolade über Wasserdampf schmelzen, mit Haselnüssen und ein wenig Buttercreme abmischen und mit der restlichen Buttercreme glattrühren.
Die Streifen (bis auf einen) mit Creme dazwischen zusammensetzen, auch oben mit Creme bestreichen. Schnitte im Kühlschrank fest werden lassen.

Für die Glasur den letzten Streifen in Stücke von ca. 4 cm Breite einteilen (nicht ganz durchschneiden, siehe Illustration), auf ein geöltes Backblech legen. Eine Palette, ein befettetes Hackmesser und ein kleines, befettetes Messer vorbereiten (die Messer und den Teigstreifen unbedingt vor der Zubereitung der Glasur vorbereiten, da das Glacieren mit Karamel rasch vor sich gehen muß).

Ein wenig Zucker in einer Pfanne schmelzen. Restlichen Zucker nach und nach zugeben und unter ständigem Rühren schmelzen (goldgelb). Pfannenboden ganz kurz in kaltes Wasser tauchen, Karamel über den Dobosstreifen gießen und mit der Palette glattstreichen — die Glasur sollte dabei nicht über die Ränder fließen. Karamel ein wenig anziehen lassen. Den glacierten Streifen an den markierten Stellen

(Umseitig weiter)

(Fortsetzung von Seite 117)

mit dem Hackmesser durchschneiden. Nach jedem Schnitt das Messer erneut mit Butter bestreichen, sonst bleibt der warme Karamel daran kleben (eventuell das kleine Messer zu Hilfe nehmen).
Schnitte in 4 cm breite Stücke schneiden. Auf jede Schnitte einen glacierten Streifen setzen.

Tip: Da das Glacieren ein wenig Übung erfordert und wahrscheinlich nicht gleich beim ersten Mal gelingt, könnte man vorsorglich mehrere Teigstreifen für die Glasur aufsparen.

So wird der glacierte Streifen geschnitten: Das Hackmesser muß nach jedem Schnitt neu befettet werden. Das kleine Messer dient als Führung.

CREMESCHNITTEN

Zutaten für ca. 10 Schnitten

400g fertigen Blätterteig oder hausgemachten Blätterteig wie im Rezept auf Seite 168

Für die Creme

200g Vanillecreme (Zutaten wie im Rezept auf Seite171)
3 Blatt Gelatine
2 TL Staubzucker
1 EL Rum
2 TL Vanillezucker
400g Schlagobers

Mehl
80g Marillenmarmelade
*150g Fondant**

**Fondant ist eine konzentrierte Zuckerlösung zum Glacieren von Mehlspeisen und im Lebensmittelhandel erhältlich.*

Blätterteig wie auf Seite 168 beschrieben zubereiten und ca. 2mm dick ausrollen, sodaß ein Rechteck von 18cm Breite und 40cm Länge entsteht. Ein Backblech mit Mehl bestreuen. Teig darauflegen, mit einer Gabel mehrfach einstechen. Mit einer Klarsichtfolie abdecken und ca. ¾ Stunde rasten lassen.
Backblech ins vorgeheizte Rohr schieben, Blätterteig bei 220 Grad 10 Minuten anbacken, bei 180 Grad ca. ½ Stunde fertigbacken (der Blätterteig soll auch in der Mitte knusprig sein). Blätterteig auskühlen lassen.

Für die Creme Vanillecreme wie auf Seite 171 beschrieben zubereiten und kühlen. Gelatine in kaltem Wasser einweichen. Kalte Vanillecreme durch ein Sieb streichen und mit Staubzucker, Rum und Vanillezucker glattrühren. Schlagobers steif schlagen.
Gelatine gut ausdrücken und am besten über Wasserdampf schmelzen. Gelatine mit etwas Vanillecreme gut verrühren. Restliche Creme und ⅓ vom Schlagobers einrühren. Restliches Schlagobers behutsam unterziehen.

Blätterteig in 2 Stücke von 20cm Länge und 6cm Breite schneiden. Creme auf einem Teigblatt gleichmäßig verstreichen. Im Kühlschrank fest werden lassen. Marillenmarmelade aufkochen. Das zweite Teigblatt mit Marillenmarmelade bestreichen. Fondant mit Wasser glattrühren und über Wasserdampf erwärmen (Fondant sollte zum Glacieren von Torten und Schnitten etwas dickflüssiger sein als z.B. für Plundergebäck; Fondant wenn nötig aber doch mit wenig Wasser verdünnen).
Fondant auf die Marmelade gießen, mit einer Palette rasch glattstreichen und auskühlen lassen. Das glacierte Teigblatt mit einem scharfen Sägemesser in Portionsstücke schneiden. Teigblatt mit Creme aus dem Kühlschrank nehmen. Glacierte Blätterteigstreifen daraufsetzen, Schnitte in Portionsstücke schneiden.

Tip: Man kann die Cremeschnitte auch mit Wasserglasur bestreichen: Staubzucker mit Wasser und etwas Rum zu dickflüssiger Konsistenz verrühren, erwärmen und zum Glacieren verwenden.

Esterházyschnitte

Zutaten für 1 Schnitte mit 10 Stück

6 Eiklar
150 g Kristallzucker
40 g glattes Mehl
180 g Haselnüsse

Für die Creme
Ca. 600 g Buttercreme (Zutaten siehe Rezept Seite 171, jedoch nur ⅔ der Menge)
80 g Haselnüsse
1–2 EL Weinbrand

Für die Glasur
*Ca. 200 g Fondant**
100 g Marillenmarmelade
Kakao

80 g gehobelte Mandeln

**Fondant ist eine konzentrierte Zuckerlösung zum Glacieren von Mehlspeisen und im Lebensmittelhandel erhältlich.*

Für die Esterházyblätter Haselnüsse fein reiben. Mehl in eine Schüssel sieben und mit den Haselnüssen vermischen. Eiklar mit 75 g Kristallzucker aufschlagen, restlichen Zucker zugeben, Schnee schlagen. Mehl und Nüsse unter den Schnee ziehen.
Ein Backblech mit Backtrennpapier auslegen. Masse ca. 3 mm hoch auf das Blech streichen, sodaß ein Teigstreifen von 30 cm Breite und 56 cm Länge entsteht. Im vorgeheizten Rohr bei Oberhitze backen, bis die Oberfläche Farbe zeigt (dauert ca. ¼ Stunde). Fleck in sieben Streifen von 8 cm Breite und 30 cm Länge schneiden und auskühlen lassen.

Für die Creme Buttercreme wie im Rezept auf Seite 171 beschrieben zubereiten. Haselnüsse fein reiben und im Backrohr kurz rösten (so entfalten Sie das volle Aroma). Nüsse kurz abkühlen lassen und mit Weinbrand im Mixer zu cremiger Konsistenz verrühren. Nußmasse zuerst mit ein wenig Buttercreme abmischen, dann mit der restlichen Buttercreme glattrühren.
Streifen mit Buttercreme bestreichen und übereinandersetzen. Den Rand der Schnitte mit etwas Creme einstreichen, Oberfläche unbestrichen lassen. Schnitte ca. ½ Stunde kaltstellen.

Marillenmarmelade aufkochen. Oberfläche der Schnitte mit heißer Marillenmarmelade bestreichen. Fondant mit etwas Wasser verrühren und über Wasserdampf erwärmen.
3 EL vom Fondant mit etwas Kakao verrühren. Aus einem Blatt Alufolie oder Pergamentpapier eine Spritztüte drehen (siehe Illustration, Seite 64). Dunkle Glasur einfüllen, Spitze der Tüte abschneiden. Restlichen Fondant auf die Oberfläche der Schnitten gießen und mit einer Palette glattstreichen.
Dunkle Glasur in dünnen Streifen der Länge nach auf den hellen Fondant spritzen. Mit einem kleinen, spitzen Messer die dunklen Glasurstreifen in die weiße Glasur hineinziehen und so das typische Esterházy-Muster zeichnen

(Umseitig weiter)

(Fortsetzung von Seite 121)

(siehe Illustration); das Glacieren und Verzieren muß sehr rasch geschehen, da der Fondant schnell fest wird und sich dann kein Muster mehr zeichnen läßt.

Glasur fest werden lassen. Mandeln auf einem Backblech im Rohr kurz rösten. Vom Blech schieben und ein wenig abkühlen lassen. Die Ränder der Schnitte mit Mandeln einstreuen (siehe Illustation, Seite 31). Schnitte in ca. 3 cm breite Stücke schneiden.

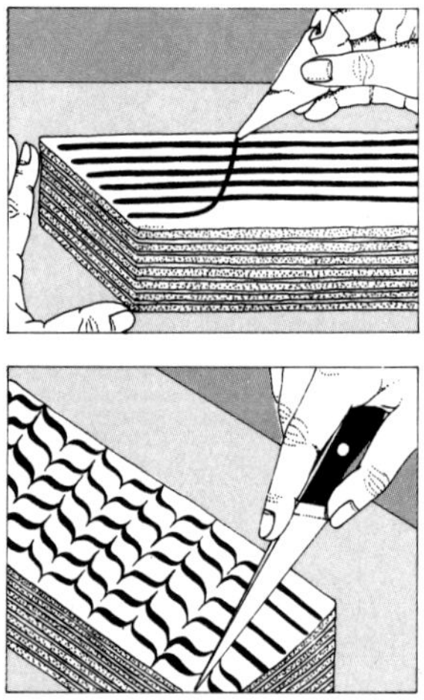

Für das typische Esterházymuster Glasur in Streifen auf die Schnitte spritzen. Streifen mit einem Messer zu Bögen ineinanderziehen.

LINZERSCHNITTEN

Zutaten für 1 Schnitte mit 12 Stück

Für den Linzerteig

350 g glattes Mehl
300 g braune Mandeln oder Haselnüsse
300 g Butter
200 g Staubzucker
2 Eidotter
Zimt
Salz
2 TL Vanillezucker
½ Zitrone
1 Prise Nelkenpulver

200 g Ribiselmarmelade
2 Backoblaten
1 Eidotter
40 g gehobelte Mandeln
Staubzucker

Butter bei Zimmertemperatur weich werden lassen. Mandeln oder Haselnüsse fein reiben. Zitrone waschen, Schale fein abreiben. Mandeln auf die Arbeitsfläche schütten. Mehl daraufsieben und in die Mitte eine große Mulde drücken. Butter, Staubzucker, Eidotter, eine Prise Salz, Vanillezucker, Zitronenschale, 1 MS Zimt und Nelkenpulver in die Mulde geben und mit dem Mehl und den Mandeln zu einem glatten Teig verkneten. Teig in 2 gleiche Portionen teilen und ca. 1 Stunde kaltstellen.

Eine Hälfte vom Teig aus dem Kühlschrank nehmen, kurz durchkneten und ca. 1 mm dick ausrollen, sodaß ein Rechteck von 16 cm Breite und 30 cm Länge entsteht.
Ein Backblech mit Backtrennpapier auslegen. Den Teig mit einem Kapselrahmen umstellen und auf das Backblech setzen. Die Backoblaten 1 cm kleiner als den Teigfleck zurechtschneiden und darauflegen.

Restlichen Teig aus dem Kühlschrank nehmen, kurz durchkneten und zu einer 1 cm dicken Rolle formen. Den Tortenboden mit der Teigrolle umranden (dabei bleibt Teig übrig, dieser wird noch für das „Gitter" benötigt).
Ribiselmarmelade glattrühren und auf den Teigboden streichen (nicht aber auf den Teigrand). Restlichen Teig gitterförmig auf den bestrichenen Teigboden legen. Das Gitter mit Dotter bestreichen und alles mit gehobelten Mandeln bestreuen. Im vorgeheizten Backrohr bei 160 Grad ca. 1 Stunde backen.
Den Fleck in Schnitten schneiden und mit Staubzucker bestreut servieren.

KARDINALSCHNITTE

Zutaten für 1 Schnitte mit 6–8 Portionen

---

5 Eier
120g Kristallzucker
30g glattes Mehl

Für die Creme
¼l Schlagobers
2 TL Löskaffee
2 Blatt Gelatine
20g Staubzucker
2 TL Weinbrand

Staubzucker

4 Eier in Dotter und Klar trennen. 1 Ei, 2 Dotter und 30g Kristallzucker schaumig schlagen. 4 Eiklar und restlichen Kristallzucker zu schmierigem Schnee aufschlagen. Ein Backblech mit Backtrennpapier auslegen. Den lockeren Schnee in einen Spritzsack füllen und durch eine große Tülle (ca. 12mm Durchmesser) in zwei Mal 3 Streifen von ca. 30cm Länge auf das Blech spritzen. Zwischen je 3 Streifen einen Abstand von 2cm lassen.

Dottermasse kräftig aufschlagen, Mehl unterheben. Diese Biskuitmasse mit dem Spritzsack in den 2cm breiten Freiraum zwischen den Schneestreifen dressieren (siehe Illustration) — es ergeben sich so zwei gleich lange und gleich breite Bahnen, mit abwechselnd Schnee- und Biskuitmasse. Alles mit Staubzucker bestreuen und im vorgeheizten Rohr bei 160 Grad 35 Minuten backen; dabei den Stiel eines Kochlöffels zwischen Backrohrtür und Rahmen klemmen, damit die Tür einen kleinen Spalt offen bleibt. Streifen aus dem Rohr nehmen, auskühlen lassen und vom Papier lösen.

Für die Creme Gelatine in kaltem Wasser einweichen. Löskaffee mit Weinbrand verrühren, bis er völlig aufgelöst ist. Gelatine gut ausdrücken, mit der Kaffeemischung erwärmen und bei milder Hitze schmelzen. Schlagobers mit Staubzucker steif schlagen.

(Umseitig weiter)

(Fortsetzung von Seite 125)

⅓ vom Schlagobers mit der Gelatine verrühren. Restliches Schlagobers vorsichtig unterheben. Kaffeecreme auf einen Streifen auftragen und glatt verstreichen. Zweiten Streifen mit der schönen Seite nach oben daraufsetzen. Kardinalschnitte ½ Stunde kühlen, mit Staubzucker bestreuen und in Stücke schneiden.

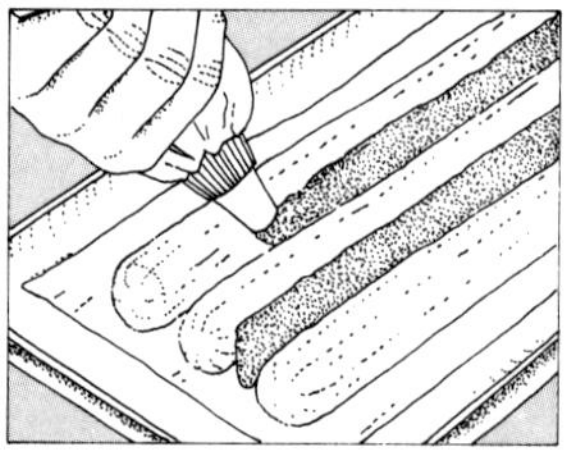

So wird die Biskuitmasse zwischen die Schneestreifen gespritzt.

Erdbeer-Weincremeschnitte

Zutaten für 1 Schnitte mit 10 Portionen

Für den Schokoladefleck
Zutaten wie im Rezept auf Seite 18

Für den Mürbteig
Zutaten wie im Rezept auf Seite 78, jedoch nur ⅓ der Menge

Für die Weincreme
Zutaten wie im Rezept auf Seite 42

Ribiselmarmelade
1 kg Erdbeeren
1 Pkg. Tortengelee
Evtl. gehobelte Mandeln oder geriebene Haselnüsse

Mürbteig wie im Rezept auf Seite 78 beschrieben zubereiten und zu einem Rechteck von 16 cm Breite und 25 cm Länge ausrollen. Auf ein Backblech legen, mit einer Gabel mehrfach einstechen und im Rohr bei 200 Grad goldgelb backen. Marmelade aufkochen. Mürbteigboden mit Ribiselmarmelade bestreichen.

Schokoladefleck wie im Rezept auf Seite 18 beschrieben zubereiten, auskühlen lassen, in 2 Rechtecke von 16 cm Breite und 25 cm Länge schneiden. 1 Teigstück auf den Mürbteigboden setzen und mit einem passenden Kapselrahmen umstellen.

Für die Creme Gelatine in kaltem Wasser einweichen. Zitrone waschen, Schale fein abreiben. Wein, Zitronenschale, Zitronensaft und Vanillezucker aufkochen. Eidotter und Zucker mit einem Schneebesen cremig rühren. Kochenden Wein in die Dottermasse gießen, dabei ständig rühren, bis die Masse bindet. Gelatine gut ausdrücken, in die warme Creme rühren und auflösen. Creme durch ein Passiersieb abseihen und kaltstellen, bis sie leicht stockt. Schlagobers zu cremiger Konsistenz aufschlagen. Creme glattrühren. ⅓ vom Schlagobers mit der Creme fest verrühren. Restliches Schlagobers behutsam unterheben.

Creme auf den Schokoladefleck gießen (3 EL von der Creme für später reservieren) und glattstreichen. Den zweiten Schokoladefleck auf die Creme setzen. Mit der restlichen Creme glatt bestreichen und 2 Stunden kaltstellen.

Erdbeeren waschen, abtropfen lassen, Stiele entfernen. Schnitten aus dem Kühlschrank nehmen, aus der Form lösen und mit Erdbeeren belegen. Tortengelee wie auf der Packung beschrieben auflösen, über die Erdbeeren träufeln und fest werden lassen. Schnitte in ca. 8 mal 5 cm große Stücke schneiden. Den Rand der Schnitten eventuell mit gerösteten Mandelsplittern oder geriebenen und gerösteten Haselnüssen einstreuen (siehe Illustration, Seite 31).

Mandelschnitte

Zutaten für 1 Schnitte mit ca. 10 Stück

5 Eiklar
280 g Kristallzucker
160 g ungeschälte Mandeln
100 g Haselnüsse
180 g Rohmarzipan
60 g glattes Mehl
50 g Aranzini
50 g Zitronat
3 g Ammonium
1 EL Wasser
Salz
1 TL Lebkuchengewürz

Für die Fülle

250 g Rohmarzipan
Ca. 4 cl (2–3 EL) Kirschwasser

*Ca. 300 g Schokolade**
Amarenakirschen

**Am besten Couvertüre, ersatzweise die im Handel erhältliche Fettglasur (siehe auch Fußnote, Seite 62).*

Zitronat und Aranzini durch den Fleischwolf drehen und mit dem Rohmarzipan glattrühren.
Mandeln und Haselnüsse fein reiben. Mandeln, Haselnüsse, Mehl, eine kleine Prise Salz und Lebkuchengewürz vermischen.
Eiklar und Zucker in einem Schneekessel über Wasserdampf zu cremiger Konsistenz aufschlagen. Schneekessel vom Dampf nehmen und den Schnee weiterschlagen, bis er auf Zimmertemperatur abgekühlt ist („kaltschlagen").

Die Hälfte vom Schnee mit Ammonium, 1 EL Wasser und der Mehl-Mischung gut verrühren und mit dem Rohmarzipan-Gemisch zu einem glatten Teig verrühren. Restlichen Schnee unterziehen.
Eine Tasse mit Backtrennpapier auslegen. Masse in einem Rechteck von 16 cm Breite und 30 cm Länge aufstreichen. Tasse über Nacht in den Kühlschrank stellen.

Backtrennpapier mit der Masse auf ein Backblech ziehen und die Masse im vorgeheizten Rohr bei 180 Grad backen. Mandelfleck ca. 20 Minuten auskühlen lassen und in 2 gleich breite Streifen schneiden.

Für die Fülle Rohmarzipan und Kirschwasser zu einer streichfähigen Masse verrühren (am besten mit Hilfe eines Pürierstabes). Fülle auf einen Mandelstreifen streichen. Amarenakirschen auf die Fülle setzen. Den zweiten Streifen daraufsetzen, leicht andrücken. Ränder der Schnitte sauber zurechtschneiden.

Für die Glasur die Couvertüre oder Fettglasur wie im Rezept auf Seite 62 beschrieben vorbereiten. Schnitte mit der Schokolade glacieren und in 2 cm breite Stücke schneiden.

Tip: Aus dieser Mandelschnitte kann man auch feines Teegebäck zubereiten (siehe Foto, Seite 151): Mandelfleck wie oben beschrieben zubereiten und auskühlen lassen. Für die Glasur 150 g Couvertüre mit 60 g Kondensmilch verrühren und auf dem Fleck glatt aufstreichen. Mandelfleck mit gerösteten und geriebenen Mandeln bestreuen und in ca. 3 cm breite Schnittchen schneiden.

Blätterteigschnitte mit Kirschen

Zutaten für 1 Schnitte mit
ca. 10 Stück

---

600 g vollreife Kirschen
80 g Kristallzucker
Zimt

Für den Blätterteig
*Zutaten wie im Rezept auf Seite 168, jedoch für 400 g Teig**

Für den Schokoladefleck
Zutaten wie im Rezept auf Seite 63

---

1 Ei

**Für diese Schnitte kann man durchaus auch fertig gekauften Blätterteig verwenden.*

Blätterteig und Schokoladefleck wie in den Rezepten auf Seite 63 und Seite 168 beschrieben zubereiten.
Kirschen waschen, entkernen und mit Zucker und 1 MS Zimt vermischen.
Ein Backblech mit Backtrennpapier auslegen. Blätterteig ca. 2 mm dick ausrollen. Aus dem Blätterteig ein Rechteck von 10 cm Breite und 25 cm Länge ausschneiden und auf das Blech setzen. Mit einer Gabel mehrfach einstechen. Ei verquirlen. Die Ränder des Blätterteiges mit Ei bestreichen.

Vom Schokoladefleck ein Rechteck von 8 cm Breite und 25 cm Länge ausschneiden und auf den Blätterteig setzen. Kirschen auf dem Schokoladefleck verteilen. Restlichen Schokoladefleck auf die Kirschen setzen.
Restlichen Blätterteig mit einer Gitterwalze einschneiden und über den Schokoladefleck ziehen (sollte keine Gitterwalze zur Verfügung stehen, Blätterteig über den Schokoladefleck breiten, rundum festdrücken und mit einem scharfen Messer quer zur Schnitte in regelmäßigen Abständen einschneiden).
Überstehenden Blätterteig bis auf einen Rand von ca. 1 cm wegschneiden. Blätterteig mit dem restlichen Ei bestreichen, Schnitte ca. ½ Stunde rasten lassen.

Schnitte im vorgeheizten Rohr bei 200 Grad ¼ Stunde anbacken und bei 130 Grad fertigbacken (dauert ca. 20 Minuten).
Schnitte auskühlen lassen und mit einem Sägemesser aufschneiden.

JOGHURT-ORANGENSCHNITTE

Zutaten für 1 Schnitte mit 12 Stück

Für den Schokoladefleck*
Zutaten wie im Rezept auf Seite 18, jedoch nur ½ Menge

Für die Joghurt-Orangencreme
2 Eidotter
90 g Staubzucker
140 g Topfen
(10 % Fettgehalt)
2 Orangen
¼ Zitrone
Saft von ¼ Orange
Saft von ¼ Zitrone
Salz
½ l Joghurt
6 Blatt Gelatine
200 g Schlagobers

**Diese Schnitte kann man auch mit Baumkuchen (siehe Rezept Seite 170) zubereiten.*

Zuerst den Schokoladefleck wie im Rezept auf Seite 18 beschrieben zubereiten.
Orangen und Zitrone waschen, etwas Schale fein abreiben. 2 Orangen schälen, sodaß auch die äußere Haut vom Fruchtfleisch mitgeht. Die einzelnen Orangenspalten mit einem scharfen Messer zwischen den Trennhäuten herausschneiden (siehe Illustration, Seite 38).
Orangenspalten auf einem Tuch abtrocknen. Eine Rehrückenform mit Klarsichtfolie auslegen. Orangenfilets am Boden der Form verteilen.

Für die Creme den Topfen mit einer Teigkarte durch ein Passiersieb streichen. Eidotter mit Staubzucker cremig schlagen. Gelatine in kaltem Wasser einweichen. Schlagobers aufschlagen. Topfen, Orangen- und Zitronenschale, Orangensaft und Zitronensaft, eine Prise Salz und Joghurt glattrühren.
Gelatine gut ausdrücken und am besten über Wasserdampf auflösen. ¼ der Joghurtmasse mit der Gelatine gut verrühren, restliche Masse unterrühren. Dottermasse und Schlagobers behutsam unterziehen.

Die Creme bis 3 cm unter den Rand in die Form füllen und mit einem Löffel glattstreichen. Vom Schokoladefleck zwei 3 cm breite Streifen abschneiden, die so lang wie die Form sind. Die Längsseiten der Form mit den Streifen auslegen, restliche Creme einfüllen und glattstreichen. Restlichen Schokoladefleck auf die Größe der Form zurechtschneiden und Creme damit bedecken. Schnitte mit Folie abdecken und Creme im Kühlschrank fest werden lassen (dauert ca. 3 Stunden).
Orangenschnitte aus der Form stürzen und mit einem scharfen, glatten Messer in Portionen schneiden.

Zigeunerschnitte

Zutaten für 1 Schnitte mit 12 Stück

80 g Butter
50 g Staubzucker
5 Eier
*50 g Schokolade**
80 g Kristallzucker
100 g glattes Mehl
1 TL Vanillezucker

Für die Parisercreme
*200 g Schokolade**
⅛ l Schlagobers
40 g Butter
2 cl (1–2 EL) Rum

Ca. 200 g Himbeermarmelade
Pistazien
*Ca. 200 g Schokolade**

Am besten Couvertüre verwenden. Für die Masse und Creme ersatzweise Bitter- oder Kochschokolade, für die Glasur die im Handel erhältliche, fertige Schokolade-Fettglasur verwenden.

Eier in Dotter und Klar trennen. Schokolade über Wasserdampf schmelzen. Butter, Staubzucker und Vanillezucker cremig rühren. Schokolade unterziehen. Dotter nach und nach einrühren.
Eiklar mit Kristallzucker zu Schnee schlagen. ⅓ vom Schnee mit der Masse gut verrühren. Restlichen Schnee und Mehl behutsam unterheben.

1 Backblech mit Backtrennpapier auslegen. Masse auf das Blech streichen, sodaß ein Rechteck von 56 cm Breite und 36 cm Länge entsteht. Im vorgeheizten Rohr bei 200 Grad ca. 12 Minuten backen; während der Backzeit einen Kochlöffel zwischen Backrohrtür und Rahmen klemmen, sodaß die Tür einen Spalt offen bleibt.
Teig in 8 cm breite und 36 cm lange Streifen schneiden und vom Papier lösen.

Für die Parisercreme Butter bei Zimmertemperatur weich werden lassen. Schokolade fein hacken. Schlagobers aufkochen, vom Feuer nehmen. Schokolade zugeben und verrühren, bis sie völlig aufgelöst ist. Creme etwas abkühlen lassen, dabei immer wieder glattrühren.
Sobald die Creme etwas anzieht, aber noch nicht fest ist, Butter zugeben und die Masse zu einer schaumigen Creme aufrühren, dabei Rum einträufeln.

Himbeermarmelade glattrühren. Die Hälfte der Streifen mit Marmelade, die andere mit Creme bestreichen (ein wenig Creme für das Einstreichen der Oberfläche reservieren), Schnitten zusammensetzen. Pistazien grob hacken. Die Oberfläche der Schnitten mit Creme glatt einstreichen. Schokolade über Wasserdampf schmelzen bzw. Couvertüre wie im Rezept auf Seite 62 beschrieben „temperieren". Schnitten mit Schokolade überziehen und mit Pistazien bestreuen.

JOGHURTROULADE

Zutaten für 1 Roulade mit 10 Stück

Für das Biskuit
5 Eier
80g Kristallzucker
Salz
¼ Zitrone
70g glattes Mehl

Für die Creme
300g Joghurt
800g Staubzucker
6 Blatt Gelatine
1 Zitrone
Saft von 1 Zitrone
¼l Schlagobers

Kristallzucker
Staubzucker
Erdbeeren

Zitrone waschen, Schale fein abreiben. Mehl sieben. Eier in Dotter und Klar trennen. Dotter mit einer Prise Salz, Zitronenschale und ⅓ vom Kristallzucker cremig rühren, bis die Masse nicht mehr an Volumen zunimmt.
4 Eiklar mit restlichem Zucker zu Schnee schlagen. ⅓ vom Schnee mit der Dottermasse gut verrühren. Restlichen Schnee und Mehl behutsam unterheben.

Ein Backblech mit Backtrennpapier auslegen. Masse auf dem Blech glatt verstreichen, sodaß ein Rechteck von 20cm Breite und 40cm Länge entsteht. Im vorgeheizten Rohr bei 220 Grad 10—12 Minuten backen.
Biskuit mit Zucker bestreuen, ein Blatt Backtrennpapier darauflegen, umdrehen und gut auskühlen lassen.

Für die Creme Gelatine in kaltem Wasser einweichen. Zitrone waschen, Schale fein abreiben. Joghurt mit Staubzucker, Zitronenschale und Zitronensaft glattrühren. Gelatine gut ausdrücken, am besten über Wasserdampf auflösen und mit ¼ der Joghurtmasse fest verrühren. Schlagobers steif schlagen und gemeinsam mit der restlichen Joghurtmasse unterziehen.

Vom Biskuit Papier abziehen. Creme so aufstreichen, daß sie in der Mitte höher ist (siehe Illustration). Im Kühlschrank fest werden lassen. Roulade einrollen, mit Papier und Lineal ordentlich festziehen (siehe Illustration).

(Umseitig weiter)

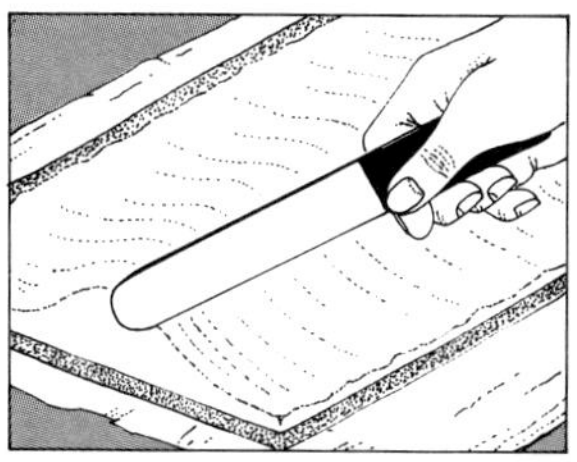

Creme auf das Biskuit so aufstreichen, daß sie in der Mitte höher ist.

(Fortsetzung von Seite 137)

Roulade mit Papier umwickeln, mit der Verschlußseite nach unten auf eine Platte setzen und ca. 1 Stunde kaltstellen. Roulade in ca. 3 cm breite Scheiben schneiden. Mit Staubzucker bestreuen und mit Erdbeerhälften dekorieren.

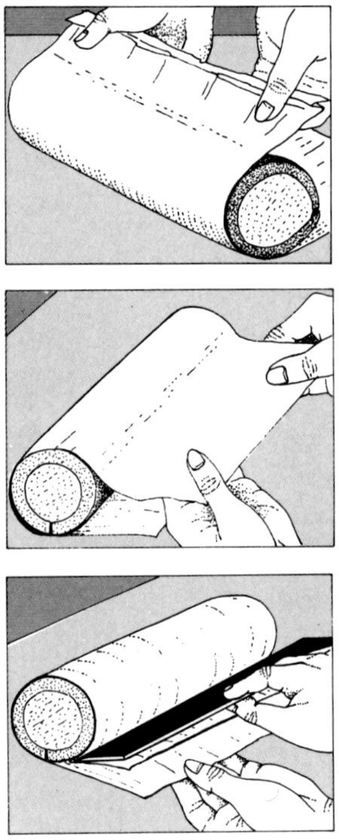

So wird die Roulade eingerollt und das Papier mit Hilfe eines Lineals straff angezogen.

Pistazienroulade

Zutaten für 1 Roulade mit 10 Stück

4 Eier
100 g Kristallzucker
60 g glattes Mehl
20 g Kakao

Für die Creme
⅛ l Milch
50 g Kristallzucker
Salz
1 TL Vanillezucker
1 Eidotter
4 Blatt Gelatine
1–2 EL Maraschino
30 g Pistazien
¼ l Schlagobers

Kristallzucker
Pistazien

Eier in Dotter und Klar trennen. Mehl und Kakao vermischen. Dotter und ⅓ vom Kristallzucker cremig rühren. Eiklar und restlichen Zucker zu Schnee schlagen. ⅓ vom Schnee mit der Dottermasse verrühren. Restlichen Schnee und Mehl-Mischung behutsam unterheben.
Ein Backblech mit Backtrennpapier auslegen. Masse in einen Spritzsack füllen und auf das Blech dressieren, sodaß ein 25 cm breites und 35 cm langes Rechteck entsteht. Masse im vorgeheizten Rohr bei 220 Grad 12—15 Minuten backen.

Teig mit Zucker bestreuen, ein Blatt Backtrennpapier darauflegen, umdrehen und gut auskühlen lassen.
Für die Creme Gelatine in kaltem Wasser einweichen. Milch, Vanillezucker und eine Prise Salz aufkochen. Dotter und Zucker mit einem Schneebesen cremig rühren. Kochende Milch unter ständigem Rühren in die Dottermasse gießen und so lange rühren, bis die Masse bindet. Gelatine gut ausdrücken, in die Creme rühren und auflösen. Creme durch ein Sieb passieren und kaltstellen.

Maraschino, Pistazien und 3 EL von der leicht gestockten Creme mit einem Stabmixer verrühren, sodaß die Pistazien zerkleinert werden.
Schlagobers steif schlagen. Creme mit der Pistazienmasse glattrühren. ⅓ vom Schlagobers mit der Creme fest verrühren. Restliches Schlagobers unterziehen.

Vom Teig Papier abziehen, Creme glatt aufstreichen. An einem kühlen Ort fest werden lassen. Roulade fest einrollen (siehe Illustration, Seite 138), mit Papier umwickeln, mit der Verschlußseite nach unten auf eine Platte setzen und ca. 1 Stunde kaltstellen.
Roulade in Stücke schneiden und auf jedes Stück zur Dekoration eine halbe Pistazie setzen.

Maraschinoroulade

Zutaten für 1 Roulade mit 10 Stück

Für das Biskuit

5 Eier
80g Kristallzucker
Salz
¼ Zitrone
70g glattes Mehl

Für die Creme

160g Milch
2 Eidotter
40g Kristallzucker
1 TL Vanillezucker
Salz
*100g Schokolade**
3 Blatt Gelatine
1—2 EL Maraschino
200g Schlagobers

Kristallzucker
½ Kompottbirnen
3 EL Maraschino
Staubzucker

**Am besten Couvertüre, ersatzweise Bitter- oder Kochschokolade.*

Zitrone waschen, Schale fein abreiben. Mehl sieben. Eier in Dotter und Klar trennen. Dotter mit einer Prise Salz, Zitronenschale und ⅓ vom Kristallzucker cremig rühren, bis die Masse nicht mehr an Volumen zunimmt.
4 Eiklar mit restlichem Zucker zu Schnee schlagen. ⅓ vom Schnee mit dem Dotterabtrieb gut verrühren. Restlichen Schnee und Mehl behutsam unterheben.
Ein Backblech mit Backtrennpapier auslegen. Biskuitmasse in einen Spritzsack füllen und auf das Blech dressieren, sodaß ein Rechteck entsteht, daß etwas größer als 30 mal 35cm ist. Im vorgeheizten Rohr bei 220 Grad 10—12 Minuten backen.
Teig mit Zucker bestreuen, ein Blatt Backtrennpapier darauflegen, umdrehen und gut auskühlen lassen.

Für die Creme Schokolade grob hacken. Gelatine in kaltem Wasser einweichen. Milch, Vanillezucker und eine Prise Salz aufkochen. Dotter und Zucker mit einem Schneebesen cremig rühren. Kochende Milch unter ständigem Rühren in die Dottermasse gießen und so lange rühren, bis die Masse bindet. Gelatine gut ausdrücken, gemeinsam mit der Schokolade in die Creme rühren und auflösen. Creme durch ein Passiersieb abseihen und kaltstellen, bis sie leicht stockt.

Eine halbrunde Form oder Rehrückenform mit Klarsichtfolie auslegen. Biskuit so zurechtschneiden, daß es in die Form paßt und an den Längsseiten ca. 4cm über den Rand der Form steht.
So viel Creme einfüllen, daß die Form zu ⅔ gefüllt ist. Kompottbirnen gut abtropfen lassen, in Spalten schneiden und auf die Creme setzen. Die Abschnitte vom Biskuit zurechtschneiden und Birnenspalten damit abdecken. Biskuit mit Maraschino tränken.
Restliche Creme aufstreichen. Die überhängenden Biskuitenden über die Creme klappen und etwas andrücken. Roulade mit Folie abdecken und Creme im Kühlschrank fest werden lassen (dauert ca. 2 Stunden).
Roulade aus der Form stürzen und in ca. 3cm breite Stücke schneiden. Mit Staubzucker bestreut servieren.

NUSSCREMEROULADE

Zutaten für 1 Roulade mit 12 Stück

Für die Hülle

5 Eier
120 g Kristallzucker
1 TL Vanillezucker
Zimt
80 g glattes Mehl
80 g Haselnüsse
30 g Öl

Für die Nußbuttercreme

Buttercreme (Zutaten wie im Rezept auf Seite 171, jedoch nur ½ Menge)
100 g Walnüsse
50 g Kristallzucker
1/16 l Wasser
2 EL Rum

Kristallzucker
12 Walnußhälften
120 g Ribiselmarmelade

Eier in Dotter und Klar trennen. Dotter, ⅓ vom Kristallzucker, Vanillezucker und 1 MS Zimt schaumig rühren.
Eiklar und restlichen Zucker zu Schnee schlagen. ⅓ vom Schnee mit der Dottermasse gut verrühren. Haselnüsse fein reiben. Restlichen Schnee, Mehl und Haselnüsse behutsam unterheben. Öl unterziehen.

Ein Backblech mit Backtrennpapier auslegen. Masse auf dem Blech glatt verstreichen und mit Walnüssen bestreuen. Im vorgeheizten Rohr bei 210 Grad 12—15 Minuten backen. Nußfleck mit reichlich Kristallzucker bestreuen, mit Backtrennpapier abdecken, umdrehen, sodaß er auf der angezuckerten Seite liegt und auskühlen lassen.

Buttercreme wie im Rezept auf Seite 171 beschrieben zubereiten. Walnüsse fein reiben. Wasser und Zucker aufkochen. Walnüsse zugeben und unter ständigem Rühren aufkochen. Geschirr vom Feuer nehmen, Rum einrühren und die Masse kaltstellen.
⅓ der Buttercreme mit der Nußmasse zu einer glatten Creme verrühren. Restliche Buttercreme langsam unterrühren. Papier vom Nußfleck abziehen, Fleck mit Ribiselmarmelade bestreichen. Darauf die Creme glatt verstreichen (ca. 2 EL von der Creme für die Dekoration zurückbehalten). Roulade einrollen (siehe Illustration, Seite 138) und in den Kühlschrank stellen, bis die Creme anzieht (dauert ca. 1 Stunde).

Auf der Roulade Portionsstücke markieren. Restliche Creme in einen Spritzsack füllen und in kleinen Tupfen auf die Rouladenstücke setzen. Eine halbe Walnuß auf jeden Cremetupfen setzen.

Naschereien

Für die ganz kleinen Süßigkeiten, wie Kekse oder Petits fours, gelten wohl die gleichen Zubereitungsregeln wie für die „handfesten“ Leckereien, doch ist alles viel heikler. Das beginnt beim Wiegen der Zutaten. 10 Gramm mehr oder weniger von gewissen Zutaten können schon beachtliche Probleme verursachen, weshalb bei kleinen Süßspeisen besondere Genauigkeit, eine feinfühlige Küchenwaage und exakt steuerbare Backtemperaturen vonnöten sind.

Auch hier empfiehlt sich, gleich größere Mengen zu backen. Die Arbeit dauert zwar länger, die Naschereien gelingen jedoch besser (und daß sie übrigbleiben könnten, ist ja ohnehin nicht zu befürchten).

Linzerkipferln

Zutaten für 10 Stück

250 g Butter
90 g Staubzucker
1 TL Vanillezucker
¼ Orange
1 Ei
350 g glattes Mehl
260 g Marillenmarmelade
*100 g Schokolade**

**Am besten Couvertüre, ersatzweise die im Handel erhältliche, fertige Schokolade-Fettglasur.*

Mehl sieben. Orange waschen, Schale fein abreiben. Butter mit Staubzucker, Vanillezucker und Orangenschale cremig rühren. Ei zugeben und verrühren. Zuletzt das Mehl mit einem Kochlöffel einrühren.
Ein Backblech mit Backtrennpapier auslegen. Masse in einen Spritzsack füllen, durch eine große Sterntülle in Form von Bögen (ca. 8 cm Durchmesser) auf das Blech dressieren und im vorgeheizten Rohr bei 200 Grad 10—15 Minuten goldgelb backen. Bögen auskühlen lassen.
Die Hälfte der Bögen mit Marmelade bestreichen und jeweils 2 Bögen zusammensetzen. Schokolade über Wasserdampf schmelzen. Die Enden der Bögen in Schokolade tunken. Schokolade fest werden lassen.

Mandelbögen

Zutaten für ca. 15 Stück

5 Eiklar
250 g Kristallzucker
200 g gehobelte Mandeln
Zimt
¼ Zitrone
2 Backoblaten

Mehl
Butter

Backoblaten in ca. 12 cm breite Streifen schneiden. Die Enden der Streifen mit etwas Eiklar bestreichen, 1 cm übereinanderlegen und so zu einem langen Streifen aneinanderkleben. Streifen auf eine bemehlte Arbeitsfläche legen.

Zitrone waschen, Schale fein abreiben. 4 Eiklar mit 125 g Kristallzucker zu cremiger Konsistenz aufschlagen. Restlichen Zucker, 1 MS Zimt, Zitronenschale und Mandeln zugeben. Masse unter ständigem Rühren über Wasserdampf erhitzen, bis sie heiß und glänzend ist — dieses Rösten ist ein eher heikler Vorgang: Röstet man die Mandelmasse zu wenig, rinnt sie von den Oblatenstreifen, röstet man sie zu viel, werden die Bögen innen hohl.
Masse rasch auf dem Oblatenstreifen verstreichen und antrocknen lassen. Streifen in ca. 4 cm breite Stücke schneiden (am besten mit einem großen, glatten und einem kleinen, glatten Messer gleichzeitig arbeiten).

Die Außenseite einer Rehrückenform mit Butter dünn bestreichen und mit Mehl bestreuen. Streifen quer auf die Rehrückenform legen, sodaß Bögen entstehen. Bögen trocknen lassen.
Im vorgeheizten Rohr bei 160 Grad ca. 20 Minuten backen; dabei einen Kochlöffelstiel zwischen Tür und Rahmen klemmen, damit die Backrohrtür einen Spalt offen bleibt. Mandelbögen nach dem Backen von der Form lösen.

DOTTERSTANGERLN

Zutaten für 25—30 Stück

90 g Staubzucker
5 Eidotter
100 g glattes Mehl
1 TL Vanillezucker
Marillenmarmelade
1 Schuß Rum
Ca. 100 g gehobelte Mandeln oder Haselnüsse

Dotter mit Staubzucker und Vanillezucker cremig rühren. Mehl und 1 Spritzer Rum einrühren. Ein Backblech mit Backtrennpapier auslegen. Masse in einen Spritzsack füllen und durch eine kleine Lochtülle in Form von Stangerln von 4 cm Länge auf das Blech dressieren.
Mit den Mandeln bestreuen. Stangerln im vorgeheizten Rohr bei 190 Grad backen, bis sie Farbe genommen haben. Stangerln auskühlen lassen.
Marillenmarmelade mit Rum nach Geschmack aromatisieren. Stangerln mit Marillenmarmelade bestreichen und jeweils zwei Stangerln zusammensetzen.

Hausfreunde

Zutaten für 50 Stück

3 Eier
120 g Kristallzucker
150 g glattes Mehl
100 g Haselnüsse
100 g Rosinen
30 g Zitronat
30 g kandierte Kirschen
½ Pkg. Vanillezucker
Salz

Eier mit Zucker, Vanillezucker und einer Prise Salz zu einer festen Creme schlagen. Rosinen heiß waschen und trockentupfen. Haselnüsse auf ein Backblech schütten und im Rohr kurz rösten (dadurch entfaltet sich ihr Geschmack besser).
Haselnüsse, Zitronat und Kirschen fein hacken und mit Rosinen und Mehl vermischen. Mehl-Früchte-Gemisch unter den Eierabtrieb heben.
Ein Backblech mit Backtrennpapier auslegen. Masse 1 cm hoch auf das Backblech streichen und im vorgeheizten Rohr bei ca. 180 Grad 20 Minuten backen.

Papier abziehen und den Fleck in 5 cm breite Streifen schneiden. Die Streifen in ca. 2½ cm breite Schnitten schneiden.
Diese Hausfreunde am besten in gut verschließbaren Plastikdosen aufbewahren.

Tip: Rosinen bekommen einen besonders guten Geschmack, wenn man sie ein paar Tage vor der Verarbeitung mit Rum beträufelt und in einem verschließbaren Gefäß aufbewahrt. Dadurch werden sie auch weicher.

Hausfreunde (2. von unten)
Rezepte für Florentiner (ganz oben) auf Seite 152
Mandel Himbeerschnitten (2. von oben) auf Seite 153
Linzerschnitten-Teegebäck (Mitte) auf Seite 156
Mandelschnitten auf Seite 130

Kleine Florentiner

Zutaten für 40 Stück

150 g Schlagobers
150 g Kristallzucker
60 g Honig
180 g gehobelte Mandeln oder Haselnüsse
1 TL Vanillezucker
¼ Orange

*Ca. 150 g Schokolade**

**Am besten Milchtunkmasse.*

Orange waschen, Schale fein abreiben. Schlagobers, Kristallzucker, Vanillezucker, Honig und Orangenschale aufkochen und bei kleiner Hitze 1 Minute kochen. Mandeln einrühren und aufkochen. Masse vom Feuer nehmen. Ein Backblech mit Backtrennpapier auslegen. Masse auf das Blech gießen und am besten mit einer Palette verstreichen. Ein Blatt Backtrennpapier auf die Masse legen. Mit einem Rollholz ca. 2 mm dick ausrollen. Backtrennpapier von der Oberfläche abziehen. Mandelmasse im Rohr bei 140 Grad goldbraun backen.

Florentiner 5 Minuten abkühlen lassen. Mit einem Messer in Quadrate von ca. 3 cm Kantenlänge schneiden, umdrehen. Das Backtrennpapier von der Unterseite vorsichtig abziehen und auskühlen lassen.
Milchtunkmasse wie die Couvertüre im Rezept auf Seite 62 beschrieben vorbereiten. Florentiner mit der Tunkmasse bestreichen und Schokolade fest werden lassen. Die Kanten der Florentiner eventuell nachschneiden und voneinander trennen.

Mandel-Himbeerschnitten

Zutaten für ca. 40 Stück

Für den Mürbteig
Zutaten wie im Rezept auf Seite 78

Für die Makronenmasse
150g Rohmarzipan
30g Staubzucker
Ca. ½ Eiklar

Mehl
300g Himbeermarmelade

Mürbteig wie im Rezept auf Seite 78 beschrieben zubereiten, 2½mm dick ausrollen, auf ein bemehltes Backblech legen, mit einer Gabel mehrfach einstechen und im vorgeheizten Rohr bei 200 Grad goldgelb backen. Teig in 4cm breite Streifen schneiden.
Rohmarzipan, Staubzucker und Klar zu einer streichfähigen, glatten Masse verarbeiten (am besten mit Hilfe eines Stabmixers). Masse in einen Spritzsack füllen und durch eine kleine Sterntülle in 2 dünnen Streifen auf die Ränder der Hälfte der Teigstreifen dressieren. 2 Stunden trocknen lassen.
Teigstreifen mit der Makronenmasse auf ein Backblech setzen und im vorgeheizten Rohr bei starker Oberhitze (300 Grad) überbacken, bis sie Farbe genommen haben.

Himbeermarmelade aufkochen. Die Streifen ohne Makronenmasse mit Marmelade dünn bestreichen. Streifen mit Makronenmasse daraufsetzen, Marmelade zwischen die Makronenränder gießen. Streifen auskühlen lassen und in 2½cm breite Stücke schneiden.

Früchte-Petits fours

Zutaten für ca. 30 Stück

Für die Brandteigkrapferln mit Heidelbeeren
Zutaten wie im Rezept auf Seite 60
Vanilleobers (Zutaten wie im Rezept auf Seite 120)
Heidelbeeren

Für die Erdbeerschüsserln
Für den Mürbteig
Zutaten wie im Rezept auf Seite 78, jedoch nur ½ Menge
Schokolade
Vanillecreme (Zutaten wie im Rezept auf Seite 171, jedoch nur ¼ der Menge)
Erdbeeren
Tortengelee

Für die kleinen Früchte auf Blätterteig
Für den Blätterteig*
Zutaten wie im Rezept auf Seite 114
Früchte

Für die kleinen Baumkuchen mit Früchten
Für den Baumkuchen
Zutaten wie im Rezept auf Seite 170
Marillenmarmelade
Früchte oder Beeren
Tortengelee

**Für dieses Rezept kann man durchaus auch fertig gekauften Blätterteig verwenden.*

Für die Brandteigkrapferln Brandteig wie im Rezept auf Seite 60 beschrieben zubereiten, in Form von kleinen Rosetten auf ein Backblech dressieren und backen. Vanilleobers wie im Rezept auf Seite 120 beschrieben zubereiten und Krapferln mit Vanilleobers füllen. Heidelbeeren waschen, trockentupfen und auf das Vanilleobers setzen. Brandteig-Deckel aufsetzen.

Für die Erdbeerschüsserln Mürbteig wie im Rezept auf Seite 78 beschrieben zubereiten. Kleine Förmchen mit Teig auslegen, backen und auskühlen lassen. Vanillecreme wie im Rezept auf Seite 171 beschrieben zubereiten, durch ein Passiersieb streichen und kaltstellen.
Schokolade über Wasserdampf schmelzen. Mürbteigschüsserln mit Schokolade ausstreichen. Vanillecreme in einen Spritzsack füllen und in die Schüsserln dressieren. Erdbeeren waschen, putzen, abtropfen lassen und auf die Creme setzen. Tortengelee wie auf der Packung beschrieben auflösen und mit einem Pinsel auf die Erdbeeren streichen.

Für die kleinen Früchte auf Blätterteig Früchte waschen, putzen und abtropfen lassen. Blätterteig wie im Rezept auf Seite 114 beschrieben ausrollen, in 2 Streifen von 7 cm Breite und 40 cm Länge schneiden. Petits Fours wie im Rezept auf Seite 114 beschrieben fertigstellen.

Für die kleinen Baumkuchen mit Früchten Baumkuchen wie im Rezept auf Seite 170 beschrieben zubereiten und in 6 cm dicke Streifen schneiden. Aus den Teigstreifen Scheiben mit 3 cm Durchmesser ausstechen.
Früchte oder Beeren waschen, putzen und abtropfen lassen. Marillenmarmelade aufkochen. Baumkuchenscheiben mit Marmelade bestreichen. Früchte oder Beeren daraufsetzen. Tortengelee wie auf der Packung beschrieben auflösen, mit einem Pinsel auf die Früchte streichen.

Linzerschnitten-Teegebäck

Zutaten für 40 Stück

250g glattes Mehl
180g Butter
80g Staubzucker
1 Eidotter
50g geschälte Mandeln oder Haselnüsse
1 TL Vanillezucker

---

1 Eidotter
120g Ribiselmarmelade

Mehl und Staubzucker versieben. Mandeln fein reiben. Butter, Mandeln und Vanillezucker zu einem glatten Teig verkneten. Teig ca. ½ Stunde kaltstellen.
Teig aus dem Kühlschrank nehmen, durchkneten, ca. 3mm dick ausrollen und in zwei Rechtecke schneiden. Beide Teigstücke auf ein Backblech setzen. In ein Stück des Teiges mit einem Riffholz oder einer Gabel Rillen ziehen, mit Dotter bestreichen. Das ungerillte Teigstück mit einer Gabel mehrfach einstechen. Im vorgeheizten Rohr bei 200 Grad goldgelb backen.

Ribiselmarmelade aufkochen und glattrühren. Teig in 4cm breite Streifen schneiden. Die unteren, glatten Teigböden mit Marmelade bestreichen, die gerillten Streifen daraufsetzen. Streifen in ca. 3cm breite Schnittchen schneiden und auskühlen lassen.

Spritzgebäck

Zutaten für 30 Stück

140 g Butter
50 g Staubzucker
½ TL Vanillezucker
¼ Zitrone
1 Eidotter
½ Eiklar
200 g glattes Mehl
Marillenmarmelade
*Schokolade**

**Am besten Couvertüre, ersatzweise die im Handel erhältliche, fertige Schokolade-Fettglasur.*

Mehl sieben. Zitrone waschen, Schale fein abreiben. Butter mit Staubzucker, Vanillezucker und Zitronenschale cremig rühren. Dotter und Klar zugeben und verrühren. Zuletzt das Mehl mit einem Kochlöffel einrühren.
Ein Backblech mit Backtrennpapier auslegen. Masse in einen Spritzsack füllen, durch eine Sterntülle in Form von Stangerln von 8 cm Länge auf das Blech dressieren und im vorgeheizten Rohr bei 200 Grad 10—15 Minuten goldgelb backen. Stangerln auskühlen lassen.
Stangerln mit Marmelade bestreichen und jeweils 2 Stangerln zusammensetzen. Schokolade über Wasserdampf schmelzen. Die Enden des Spritzgebäckes in die Schokolade tauchen. Schokolade fest werden lassen.

Kleine Dörrpflaumenterrine

Zutaten für 1 Terrine mit 12—14 Stück

250 g Dörrpflaumen
50 g Kristallzucker
40 g Walnüsse
30 g Pistazien
30 g Pignoli
4 cl (2—3 EL) Armagnac oder Veltlinerbrand
1/8 l Wasser
1/8 l Orangensaft
1/2 Stange Zimt
5 Blatt Gelatine
3 Orangen

120 g Rohmarzipan
80 g Staubzucker
Pistazien

Orangensaft, Wasser, Zucker und Zimtstange aufkochen. Dörrpflaumen zugeben, kurz aufkochen und zugedeckt auskühlen lassen. Walnüsse grob hacken und mit Pistazien, Pignoli und Armagnac unter die Dörrpflaumen mischen. 2—3 Stunden ziehen lassen.
Orangen schälen, sodaß auch die äußere Haut vom Fruchtfleisch mitgeht. Die einzelnen Spalten zwischen den Trennhäuten herausschneiden (siehe Illustration, Seite 38). Spalten trockentupfen.

Gelatine in kaltem Wasser einweichen. Dörrpflaumen-Nuß-Gemisch abseihen, Saft auffangen (ca. 1/8 l vom Saft wird für die Terrine gebraucht). Zimtstange entfernen. Gelatine gut ausdrücken, am besten über Wasserdampf auflösen und mit 1/8 l Saft verrühren.
Pflaumen-Nuß-Gemisch und Orangenspalten mit dem Saft behutsam vermischen. Eine kleine Terrinenform mit Klarsichtfolie auslegen. Masse in die Form füllen, mit den Fingern leicht in die Form drücken. Terrine ca. 3 Stunden kaltstellen und fest werden lassen.

Rohmarzipan und Staubzucker vorsichtig verkneten und ca. 2 mm dick ausrollen. Terrine aus der Form stürzen, an der Oberfläche mit Marzipan bedecken. Leicht andrücken und zurechtschneiden. Terrine in ca. 2 cm dicke Scheiben schneiden. Auf jedes Stück zur Dekoration eine Pistazie setzen.

Dörrpflaumenterrine (Mitte).
Rezepte für Kleine Brandteigkrapfen (ganz unten) Seite 165
Kleine Esterházyschnitten (2. von unten) Seite 163
Kleine Dobosschnitten (2. von oben) Seite 164
Kleine Erdbeerrouladen (ganz oben) Seite 166

Anisscheiben

Zutaten für 50 Stück

3 Eier
200 g Kristallzucker
1 TL Vanillezucker
180 g glattes Mehl
Ca. 20 g Anis

Butter
Mehl

Ein Backblech mit Butter ausstreichen und mit Mehl bestreuen.
Eier, Zucker und Vanillezucker in einem Schneekessel über Wasserdampf zu cremiger Konsistenz aufschlagen.
Schneekessel vom Dampf nehmen und Creme weiterschlagen, bis sie auf Zimmertemperatur abgekühlt ist („kaltschlagen“).
Mehl unterrühren. Masse in einen Spritzsack füllen und durch eine kleine Lochtülle in Form von kleinen Scheiben auf das Blech dressieren. Mit Anis bestreuen und im vorgeheizten Rohr bei 60 Grad trocknen.

Sobald sich die Scheiben vom Blech gelöst haben (verschieben lassen), Temperatur auf 140—150 Grad erhöhen und die Scheiben zu goldgelber Farbe fertigbacken; während der Backzeit einen Kochlöffel zwischen Backrohrtür und Rahmen einklemmen, sodaß die Tür einen Spalt offen steht.

Vanillekipferln

Zutaten für 30 Kipferln

300 g glattes Mehl
200 g Butter
100 g Staubzucker
150 g Walnüsse
1 TL Vanillezucker
Salz
1 Eidotter

Vanillezucker
Staubzucker

Mehl und Staubzucker versieben. Walnüsse fein reiben. Butter, Walnüsse, Mehl-Zucker-Mischung, Dotter, Vanillezucker und eine Prise Salz zu einem glatten Teig verkneten. Teig ca. ½ Stunde kaltstellen.
Teig durchkneten und in 4 gleiche Stücke teilen. Stücke zu fingerdicken Strängen rollen und in kleine Stücke schneiden. Teigstücke auf einer bemehlten Arbeitsfläche mit der flachen Hand ausrollen, zu Kipferln formen und auf ein Backblech setzen.

Kipferln im vorgeheizten Rohr goldbraun backen. Vanillezucker und Staubzucker vermischen. Blech aus dem Rohr nehmen, Kipferln mit dem Zuckergemisch bestreuen und auskühlen lassen. Kipferln nochmals mit Zucker bestreuen.

Tip: So macht man Vanillezucker selbst: Vanilleschoten der Länge nach aufschneiden, in ein gut verschließbares Gefäß geben und mit gesiebtem Staubzucker auffüllen, bis die Vanilleschoten bedeckt sind. Gefäß gut verschließen und mindestens eine Woche stehen lassen.

Husarenkrapferln

Zutaten für 30 Stück

100 g Butter
2 Eidotter
60 g Staubzucker
180 g glattes Mehl
½ Zitrone
1 TL Vanillezucker

Hagelzucker
1 Eidotter
Himbeermarmelade

Zitrone waschen, Schale fein abreiben. Butter, Staubzucker, Mehl, Dotter, Vanillezucker und Zitronenschale rasch zu einem glatten Teig verkneten. Teig im Kühlschrank ½ Stunde rasten lassen.
Teig zu einer Stange formen, davon 20 Stücke abschneiden und zu Kugeln rollen. In die Mitte jeder Kugel eine kleine Vertiefung drücken.
Krapferln mit Dotter bestreichen und mit der Oberseite (dort, wo die kleine Mulde ist) in Hagelzucker drücken.
Krapferln auf ein Backblech setzen und im Rohr bei 180 Grad hellbraun backen.
Himbeermarmelade aufkochen. Marmelade in die Vertiefungen der Krapferln füllen.

Kleine Esterházyschnitten

Zutaten für ca. 25 Stück

Zutaten wie im Rezept auf Seite 121

Die Masse wie im Rezept auf Seite 121 beschrieben zubereiten, jedoch in 5 gleich großen Rechtecken von ca. 32 cm Länge und 10 cm Breite auf das Blech streichen. Schnitte wie im Rezept auf Seite 121 fertigstellen und in kleine Stücke von 5 cm Länge und 3 cm Breite aufschneiden.

Kleine Dobosschnitten

Zutaten für ca. 25 Stück

Zutaten wie im Rezept auf Seite 117

Die Masse wie im Rezept auf Seite 117 beschrieben zubereiten, jedoch in 5 gleich großen Rechtecken von ca. 40 cm Länge und 10 cm Breite auf das Blech streichen. Schnitte wie im Rezept auf Seite 117 beschrieben zusammensetzen. Schnitte oben mit Creme einstreichen, mit einer Kammteigkarte oder Gabel Rillen ziehen. Schnitte im Kühlschrank anziehen lassen und in Stücke von 5 cm Länge und 3 cm Breite schneiden.

Kleine Brandteigkrapfen

Zutaten für ca. 25 Stück

Zutaten wie im Rezept auf Seite 60
1 Eidotter

Masse wie im Rezept auf Seite 60 beschrieben zubereiten.
¾ der Masse in einen Spritzsack füllen, in kleinen Rosetten auf das Backblech spritzen und backen.
Restliche Masse mit dem Dotter verrühren. Aus einem Blatt Alufolie oder Pergamentpapier eine Tüte drehen (siehe Illustration, Seite 64), Masse einfüllen und in Form von kleinen Blumen auf ein Backblech spritzen. Blumen im Rohr bei 170 Grad backen, bis sie Farbe bekommen.
Von den Krapfen die Deckel abschneiden. Krapfen füllen, Blumen anstelle der Deckel auf die Fülle setzen.

KLEINE ERDBEERROULADEN

Zutaten für ca. 35 Stück

Für die Hülle
Zutaten wie im Rezept auf Seite 137

Für die Fülle
250 g Erdbeeren
120 g Staubzucker
4½ Blatt Gelatine
Saft von ½ Zitrone
3 dl Schlagobers

Evtl. Erdbeeren
Evtl. Staubzucker

Biskuitmasse wie im Rezept auf Seite 137 beschrieben zubereiten, in Form eines Rechteckes von 34 cm Länge und 39 cm Breite auf ein Backblech streichen und backen. Biskuit wie auf Seite 137 beschrieben auskühlen lassen und in 3 Streifen von ca. 34 cm Länge und 13 cm Breite schneiden.

Für die Fülle Gelatine in kaltem Wasser einweichen. Erdbeeren waschen, putzen, abtropfen lassen und pürieren. Püree durch ein Passiersieb streichen. Erdbeerpüree mit Zitronensaft und Staubzucker glattrühren. Gelatine gut ausdrücken und am besten über Wasserdampf auflösen. Erdbeerpüree langsam in die Gelatine einrühren. Kaltstellen und leicht anziehen lassen.

Schlagobers zu cremiger Konsistenz aufschlagen. Erdbeercreme aus dem Kühlschrank nehmen und mit ⅓ vom Schlagobers gut verrühren. Restliches Schlagobers locker unterziehen.
Erdbeerobers auf die Biskuitstreifen streichen, sodaß das Obers in der Mitte höher als an den Rändern ist (siehe Illustration, Seite 137). In den Kühlschrank stellen, bis die Creme angezogen hat.
Streifen wie im Rezept auf Seite 137 beschrieben zu Rouladen einrollen, 1 Stunde kaltstellen und in 2½ cm breite Stücke schneiden. Eventuell mit geviertelten Erdbeeren dekorieren und mit Staubzucker bestreuen.

Plunderteig

Zutaten für ca. 1¼kg Teig

Für den Vorteig
½kg glattes Mehl
Ca. ¼l Milch
35g Germ
40g Kristallzucker
1 MS Salz
2 Eidotter
30g Butter
1 TL Vanillezucker
¼ Zitrone

Für den Butterziegel
350g Butter
50g glattes Mehl

Mehl

Für den Vorteig Mehl in eine Schüssel sieben. Germ zerbröckeln und mit ⅛l kalter Milch, Zucker und Vanillezucker verrühren, bis sie sich völlig aufgelöst hat. Zitrone waschen, Schale fein abreiben. Germ mit Mehl, Salz, Dottern, restlicher Milch und Zitronenschale zu einem glatten, aber festen Teig abschlagen (die exakte Milchmenge hängt vom unterschiedlichen Klebergehalt des Mehles ab). 30g Butter auf einer Arbeitsfläche weichkneten und in den Germteig einarbeiten. Teig ca. 5 Minuten durchkneten, zu einer Kugel formen, auf einen bemehlten Teller setzen, kreuzförmig einschneiden, mit Klarsichtfolie abdecken und im Kühlschrank ¾ Stunde rasten lassen.

Für den Butterziegel kalte Butter in kleine Stücke schneiden und mit Mehl verkneten, bis sich Mehl und Butter binden. Masse zu einem Ziegel von 10 mal 20cm formen und kaltstellen.

Vorteig auf einer bemehlten Arbeitsfläche von der Mitte zu den Rändern zu einem großen Rechteck ausrollen. Butterziegel auf den Teig setzen, die Ränder des Teiges mit Wasser bestreichen und über der Butter zusammenfalten, Teigenden festdrücken.
Teig von der Mitte zu den Rändern zu einem Rechteck ausrollen, einmal von links und einmal von rechts zur Mitte falten und zusammenklappen (siehe Illustration, Seite 169).
Teig in Klarsichtfolie oder in ein feuchtes Küchentuch wickeln und 20 Minuten kühlen.
Teig mit der Längskante nach unten auf die Arbeitsfläche legen und nochmals wie oben beschrieben ausrollen und falten. Teig danach im Kühlschrank ca. ½ Stunde rasten lassen.

Tip: Diesen Teig muß man sehr rasch zubereiten. Es sollte dabei in der Küche möglichst kühl sein.

Butterteig und Blätterteig

Zutaten für ca. 2½ kg Teig*

---

1 kg glattes Mehl
100 g Butter oder Öl
Ca. ½ l Wasser
1 dl Rum
10 g Salz

Für den Fettziegel
*800 g Butter oder Margarine**
60 g glattes Mehl

**Vom Blätterteig oder Butterteig lieber gleich mehr zubereiten. Exakte Arbeit ist wichtig, was mit größeren Mengen leichter geht. Blätterteig und Butterteig hält sich, in Folie gewickelt, tiefgekühlt mehrere Wochen ohne wesentlichen Qualitätsverlust.*
Für Butterteig verwendet man Butter, für Blätterteig Margarine.

Für den Vorteig Mehl auf eine Arbeitsfläche sieben. In die Mitte des Mehlhäufchens eine Vertiefung drücken.
Ca. ⅜ l Wasser, Rum, Salz und Butter in die Mulde geben und mit dem Mehl zu einem glatten, festen Teig mit glänzender Oberfläche verkneten (nach Bedarf noch Wasser zugeben; die exakte Wassermenge hängt vom unterschiedlichen Klebergehalt des Mehles ab).
Teig zu einer Kugel formen, kreuzförmig einschneiden. Teig in Klarsichtfolie oder in ein feuchtes Küchentuch wickeln und ¾ Stunde rasten lassen (nicht in den Kühlschrank stellen).

Für den Butterziegel Butter klein schneiden und mit dem Mehl verkneten. Masse zu einem „Ziegel“ von 25 cm Kantenlänge formen und kaltstellen.

Vorteig auf einer bemehlten Arbeitsfläche von der Mitte zu den Rändern wie in der Illustration gezeigt ausrollen, die Ecken etwas dünner, die Mitte etwas dicker. Teig gut abkehren, damit eventuelles Mehl entfernt wird, Fettziegel auflegen, Teig über der Butter zusammenfalten. Teigenden festdrücken.

Teig von der Mitte zu den Rändern zu einem Rechteck ausrollen. Teig über die Längskante zu jeweils einem Drittel zur Mitte hin einfalten, Teig um 90 Grad drehen und wieder zu einem Rechteck ausrollen — das war die „einfache Tour“.

Teig über die Längskante von links und rechts zur Mitte hin einschlagen und in der Mitte zusammenklappen (der Teig ist dann in vier Schichten gefaltet). In Folie einschlagen und kühl rasten lassen (mindestens ¾ Stunde).
Erneut zu einem Rechteck ausrollen — das war die „doppelte“ Tour. Diese zwei Touren noch einmal wiederholen. Teig im Kühlschrank vor der Verarbeitung ca. 1 Stunde rasten lassen.

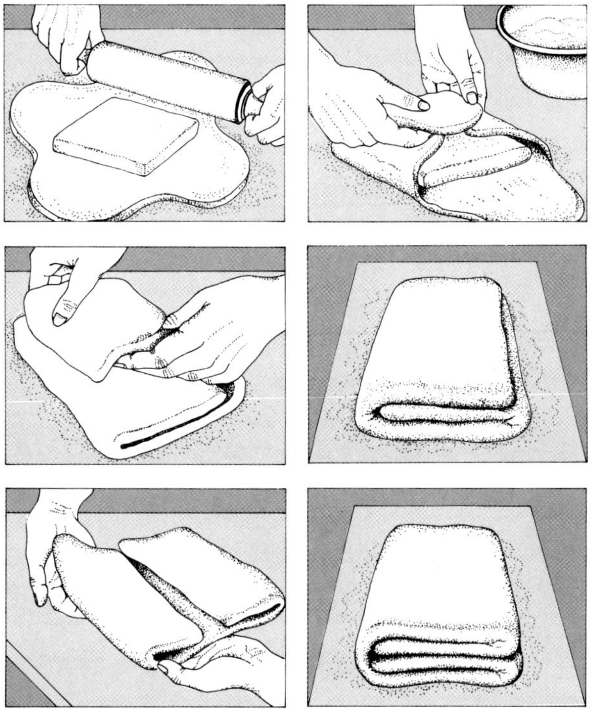

Die „einfache" und die „doppelte Tour" bei der Zubereitung von Blätterteig. Dazwischen muß der Teig rasten.
Teig vor dem neuerlichen Ausrollen so auflegen, daß die Längskante parallel zur Vorderkante der Arbeitsfläche liegt (also im Vergleich zum ersten Ausrollen um 90 Grad gedreht), so wird er in verschiedene Richtungen ausgerollt und entwikkelt weniger Spannung.

Baumkuchen

Zutaten für 1 Wanne mit 24 cm mal 30 cm, 4 cm hoch

250 g Butter
200 g Rohmarzipan
70 g Weizenpuder oder Stärkemehl
100 g Staubzucker
Salz
2 TL Vanillezucker
½ Zitrone
7 Eier
150 g Kristallzucker
110 g glattes Mehl

Butter in kleine Stücke schneiden, bei Zimmertemperatur weich werden lassen. Zitrone waschen, Schale fein abreiben. Eier in Dotter und Klar trennen. Dotter und Rohmarzipan zu einer glatten Masse verrühren. Staubzucker, Vanillezucker, Zitronenschale und eine Prise Salz zugeben und cremig rühren.
Butter und Weizenpuder in die Dottermasse rieseln lassen und die Masse zu cremiger Konsistenz schlagen. Klar und Kristallzucker zu Schnee schlagen. ⅓ vom Schnee mit der Dottermasse gut verrühren. Restlichen Schnee und Mehl abwechselnd unterheben.

Eine Wannenform mit Alufolie auslegen. Masse möglichst dünn, maximal 3 mm hoch in die Form streichen und im vorgeheizten Rohr bei 250 Grad Oberhitze backen, bis sie Farbe zeigt (dauert nur kurz).
Form aus dem Rohr nehmen. Wieder eine dünne Schicht auftragen und goldbraun backen. Diesen Vorgang wiederholen, bis die ganze Masse aufeinandergeschichtet in der Form ausgebacken ist.

Tip: Der Baumkuchen läßt sich, in Klarsichtfolie gewickelt, im Kühlschrank 2 Wochen ohne wesentlichen Qualitätsverlust aufbewahren, tiefgekühlt noch bedeutend länger.

Buttercreme

Zutaten für ca. 900 g

¼ l Milch
200 g Kristallzucker
30 g Vanillepuddingpulver oder Stärkemehl
1 Eidotter
2 TL Vanillezucker
Salz
300 g Butter
100 g Kokosfett oder Margarine

3/16 l Milch mit 100 g Kristallzucker, Vanillezucker und einer Prise Salz aufkochen. Restliche Milch mit Vanillepuddingpulver und dem Dotter abrühren. Diese Mischung in die kochende Milch einrühren und unter ständigem Rühren aufkochen.

Creme so lange kochen, bis sich der Geschmack des Pulvers verflüchtigt hat. Creme in einen Kessel füllen und mit dem restlichen Kristallzucker verrühren, bis sie lauwarm ist. Kokosfett (Margarine) zugeben und weiterrühren, bis die Creme auf Zimmertemperatur abgekühlt ist („kaltschlagen"). Butter einrühren und mit der Creme zu flaumiger Konsistenz verrühren.
Creme kaltstellen, vor der Weiterverwendung wieder zu cremiger Konsistenz verrühren.

Tip: Wenn man Kokosfett und Butter zu zeitig in die Creme einrührt, wird sie flüssig. In diesem Fall in den Kühlschrank stellen, bis sie wieder an Festigkeit gewonnen hat und dann erst flaumig rühren.

Vanillecreme

Zutaten für ca. 750 g

½ l Milch
120 g Kristallzucker
2 TL Vanillezucker
Salz
2 Eidotter
40 g Vanillepuddingpulver oder Stärkemehl

Staubzucker

3/8 l Milch mit Kristallzucker, Vanillezucker und einer Prise Salz aufkochen. Restliche Milch mit Vanillepuddingpulver und den Dottern abrühren. Diese Mischung in die kochende Milch einrühren und unter ständigem Rühren aufkochen. Creme kochen, bis sich der Geschmack des Pulvers verflüchtigt hat. In eine Schüssel füllen, mit Staubzucker bestreuen und auskühlen lassen. Creme mit Folie abdecken und kaltstellen.

Tip: Gekühlt und gut verschlossen hält die Creme ca. 4 Tage.

Mohnfülle

Zutaten für ca. 800 g Fülle

¼ l Milch
90 g Kristallzucker
250 g fein gemahlener Mohn
140 g Biskotten
60 g Rosinen
1 TL Vanillezucker
¼ Zitrone
1 MS Zimt

Zitrone waschen, Schale fein abreiben. Rosinen heiß waschen und trockentupfen. Biskotten reiben. Zucker, Milch und Vanillezucker aufkochen. Mohn einrühren und aufkochen. Biskottenbrösel, Zitronenschale, Zimt und Rosinen untermengen. Masse gut verrühren, auf ein Backblech streichen und auskühlen lassen.

Nussfülle

Zutaten für ca. 900 g Fülle

¼ l Milch
100 g Kristallzucker
350 g Walnüsse
150 g Biskotten
1 MS Zimt
2 TL Vanillezucker
4 EL Rum

Zucker, Milch und Vanillezucker aufkochen. Walnüsse und Biskotten fein reiben und mit Zimt in die Milch rühren. Masse gut verrühren, vom Feuer nehmen, Rum einrühren, auf ein Backblech streichen und auskühlen lassen.

Glossar

Amarenakirschen	*eingelegte Sauerkirschen*
Backtrennpapier	*pergamentartiges Papier zum Belegen von Backblechen*
Biskotten	*Löffelbiskuits*
Biskuit	*feines, leichtes Gebäck aus Mehl, Eiern und Zucker*
Brioche	*(franz.) Hefegebäck*
Brösel	*Semmelbrösel; Paniermehl*
Butterschmalz	*Butterfett, das beim Ausschmelzen von Butter entsteht*
Couvertüre	*Schokoladeübergußmasse zum Glacieren von Süßspeisen*
Dampfel	*Hefeansatz; Vorteig*
Dörrpflaumen	*Dörrzwetschken; getrocknete Pflaumen*
Dotter	*Eigelb*
dressieren	*eine Masse mit Hilfe eines Spritzsackes auftragen*
Eiklar	*Eiweiß*
Glattes Mehl	*glatt ausgemahlenes Weizenmehl der Type 480*
Germ	*Hefe*
Kapselrahmen	*Backform wie Tortenreifen, nur rechteckig oder quadratisch*
Klar	*Eiweiß*
Kochschokolade	*Schokolade mit ca. 35 % Kakaobestandteilen*
Lebkuchengewürz	*Gewürzmischung aus Anis, Gewürznelken, Koriander, Muskatnuß, Piment und Zimt*
Marillen	*Aprikosen*
Maroni	*Maronen; Edelkastanien*
Maronipüree	*weichgekochte, pürierte Maronen; Kastanienreis*
Obers	*Sahne mit 36 % Fettgehalt*
Palette	*ein Küchengerät aus dünnem Stahl zum Wenden von Omeletten, Gebäck, etc. oder zum Glattstreichen von dickflüssigen Teigmassen*
Pignoli	*Pinienkerne*
Powidl	*Pflaumenmus*
Ribiseln	*rote Johannisbeeren*
Rohmarzipan	*im Handel erhältliche Mandelmasse*
Schlagobers	*Sahne mit 36 % Fettgehalt*
Schnee	*steifgeschlagenes Eiweiß*
Staubzucker	*Puderzucker*
Stanitzel	*spitze Tüte*
Stollengewürz	*Gewürzmischung aus Nelkenpfeffer, Kardamom, Zimt und Piment*
Topfen	*Quark*
Weizenpuder	*Weizenstärke; Stärkemehl*
Weichseln	*Sauerkirschen*
Zwetschken	*Zwetschen; Pflaumen*

Stichwortverzeichnis